DU

POUVOIR

ET DE LA

LIBERTÉ

PAR

Pierre MANCEL DE BACILLY.

LE POUVOIR SE PREND ET NE SE
DONNE PAS. (Page 150.)

Deuxième Édition.

PARIS.

E. DENTU, LIBRAIRE-ÉDITEUR,
Palais-Royal, 13, Galerie d'Orléans.

1853

DU POUVOIR

ET

DE LA LIBERTÉ.

DU

POUVOIR

ET DE LA

LIBERTÉ

PAR

Pierre MANCEL, DE BACILLY.

Le Pouvoir se prend et ne se
donne pas. (Page 150.)

—∞—

Deuxième Édition.

—∞—

PARIS,

E. DENTU, LIBRAIRE-ÉDITEUR,

Palais-Royal, 13, Galerie d'Orléans.

—

1853.

A

MONSIEUR DE FOGÈRES,

Ancien Député de la Loire.

Mon cher ami,

Je ne relis jamais avec indifférence les *Dédicaces* de Corneille et de Racine. Ces deux grands hommes qui ont laissé, dans le dix-septième siècle, une empreinte ineffaçable, faisaient hommage de leurs chefs-d'œuvre à Richelieu, à Louis XIV, à Colbert et à d'autres personnages considérables, avec une ingénuité et une candeur qui paraîtraient étranges aux hommes du siècle qui nous emporte. Les rois, les ministres, les grands seigneurs du passé, en protégeant les lettres et les arts, couronnaient, il est vrai, leur propre gloire, dans ces pages immortelles où le génie des grands maîtres semait d'impérissables beautés. L'éloge était sincère; il faut le penser pour l'honneur des lettres. Et cependant, qui de nos jours, fût-il Corneille ou Racine, oserait adresser aux grands et aux puissants du siècle, sans craindre d'être accusé de flatterie, ces hommages mérités qui étaient offerts aux princes et aux ministres de l'ancienne monarchie ?

Relisez les Dédicaces de tous les écrivains de ce grand siècle : chaque ligne, chaque mot est un hommage à un personnage illustre. Il y a une cause apparemment à ce concert de louanges décernées spontanément à Louis XIV, à Richelieu, à Colbert, à tous les hommes qui ont occupé le pouvoir à divers degrés, par les écrivains les plus illustres dont s'honore la France. C'est qu'en effet, après Dieu, rien au monde n'est plus digne d'hommages et de respect que les dépositaires de l'Autorité, véritables Vicaires de Dieu même sur la terre.

Pourquoi donc cette différence profonde entre les hommes de lettres du dix-septième siècle, dont le nom semble grandir dans le lointain des âges, et les écrivains du dix-neuvième siècle ? Ne serait-ce pas que la royauté et le génie, de même origine, sentaient instinctivement, avouaient hautement cette glorieuse parenté qui donne la couronne au prince sur le trône,

au grand écrivain la reconnaissance et l'admiration de
la postérité !

L'autorité est-elle tombée si bas de nos jours que le
génie en rougisse, comme les âmes vulgaires qui méconnaissent les membres de leur famille tombés dans
la pauvreté, cette première expiation de l'homme sur
la terre? ou bien, les grands écrivains se croient-ils
de meilleure race que ceux à qui Dieu a donné charge
d'âmes en les condamnant au rude servage de la
royauté? Je ne sais. Toujours est-il qu'en parcourant
les écrits des maîtres du siècle, je vois bien de grosses
adulations à l'adresse de la souveraineté du peuple,
souveraineté assez dédaigneuse de sa nature, pleine
d'un légitime mépris pour les courtisans imprudents
de sa grandeur, courtisans énervés qu'elle élève quelquefois un moment sur le piédestal, pour les précipiter
ensuite du haut de la roche Tarpéienne.

Peut-être encore, l'indépendance qu'affectent les
penseurs du dix-neuvième siècle est-elle une vertu
nouvelle, conquête du génie qui ne reconnaît ni maîtres ni égaux, vertu que la simplicité de nos pères
ignorait. L'avenir dira si la gloire de la France est là.
Mais, pour les peuples comme pour les individus, il

y a quelque chose de supérieur à la gloire, c'est le bonheur.

La France attend avec inquiétude le jour où elle pourra revivre dans son passé par la grandeur du présent. Elle semble douter que ces temps calmes et de paix intérieure, qui lui donnaient prospérité et bonheur, soient arrivés. Et cependant, je dirais volontiers comme Tacite : « *Nunc demum redit animus.* » Un vent meilleur souffle dans nos voiles. La mer est plus calme. Pourquoi ne pas espérer un voyage plus heureux quand la brise nous porte vers la rive désirée? C'est à nous tous, ouvriers de conviction et de foi, de travailler à l'œuvre commune. Quelque malade que soit la société, le mal n'est pas incurable. Nous sentirons mieux le prix de la santé après nos longues épreuves. La tempête n'a pas jeté à la mer tous les trésors de cette belle France, que vous aimez, mon noble ami, avec la passion d'un amant, pour laquelle je sacrifierais volontiers ma vie, si cette vie lui devait seulement donner un jour de bonheur. L'horizon s'éclaircit. Des jours plus sereins luiront, je le désire, je l'espère, sur le berceau de nos enfants. Toutes les vertus de nos pères, cette foi antique, cet esprit chevaleresque qui ont fait la grandeur de notre patrie, ce sentiment délicat qui fait le charme de la vie, cette sainte amitié que Dieu a déposée dans le cœur de l'homme pour lui faire pressentir ses magnifiques destinées dans la cité céleste, toutes ces vertus sociales ont-elles fait naufrage dans la tourmente révolutionnaire? Pourrais-je le croire, moi qui vous connais depuis bientôt vingt ans? Vous m'avez appris, en me restant fidèle dans les diverses vicissitudes de la fortune, que l'homme de cœur qui compte un ami sur la terre, peut supporter toutes les épreuves que la Providence nous impose ici-bas. Si, dans les relations nombreuses d'une vie qui touche à la maturité, je connaissais un cœur plus noble que le vôtre, je lui demanderais l'honneur que je sollicite aujourd'hui auprès de vous, en lui offrant ce travail.

Je n'attends ni gloire ni fortune de cet essai. Votre suffrage, s'il l'obtient, le suffrage des hommes qui vous environnent, et qui prennent la vie des peuples au sérieux, serait une récompense trop grande, que je n'ose espérer, parce que j'ai le sentiment de ma propre faiblesse. Si du moins je pouvais penser que cet ouvrage sera considéré comme une bonne action, je remercierais Dieu de me l'avoir inspiré. Votre indulgence, je le sais, couvrira de sa vieille amitié les pages faibles, trop nombreuses peut-être, qu'une main peu exercée n'a touchées que d'une manière inhabile. *«Non fecit taliter omni nationi.»*

Le grand historien romain nous dit quelque part que Nerva César concilia deux choses jusqu'alors incompatibles, le pouvoir suprême, c'est-à-dire l'Autorité, et la Liberté [1]. Pourquoi de nos jours le problème serait-il insoluble? Je ne le crois pas. C'est pour cela que j'ai entrepris ce travail. Mais j'oublie que je ne dois pas discuter dans une *Dédicace.* Je serais trop suspect en prononçant dans ma propre cause. J'abandonne mon œuvre à la critique, *« incerti quo fata ferant.»* Plus confiant dans la parole de Tacite que dans le succès de mon œuvre même.

En vous priant d'agréer ce travail, tout informe qu'il puisse être, je n'ai pas seulement cherché un juge éclairé et compétent, qui cache sous les traits de la plus délicate modestie un esprit pénétrant et un rare mérite, seul éloge que je n'ose vous offrir qu'en vous

---

[1] Tacite, *Agricola,* 3. « Quanquam Nerva Cesar res olim dissociabiles miscuerit, principatum ac libertatem ;........ natura tamen infirmitatis humanæ, tardiora sunt remedia quam mala. Etc.

demandant pardon de vous révéler à ceux qui ne vous connaissent pas; j'ai voulu particulièrement honorer en vous le culte le plus saint après Dieu, l'amitié.

Je remercie la Providence de m'avoir donné un ami dans la vie; je la remercie surtout de m'avoir donné un ami tel que vous.

Daignez agréer, mon cher ami, l'hommage de l'inaltérable attachement

de votre très dévoué serviteur,

P. MANCEL, DE BACILLY.

Clamart (Seine). Villa Barthélemy,
    septembre 1852.

PRÉFACE.

Tout écrivain qui se 'présente au public un livre à la main, l'accepte pour juge; c'est ce que je fais. Je n'ai donc point à défendre mes doctrines; elles doivent se justifier elles-mêmes: sans quoi, l'œuvre est sans portée, et je ne saurais m'en plaindre.

Le lecteur n'aime ni le vague ni l'inconnu; il se demande toujours avec une certaine inquiétude si l'auteur a le droit de parler avec quelque autorité de la question qu'il traite, et s'il est compétent pour la matière. Les hommes de génie, quand ils sont connus, imposent leur autorité, leurs doctrines, et, dans tous les cas, commandent cette sorte d'admiration qui croit sur parole et qui ne discute pas.

Les personnes accoutumées à retrouver, par

la filiation des idées, la source et le milieu où un écrivain a puisé, reconnaîtraient facilement l'école à laquelle j'appartiens. Il en est d'autres, et c'est le plus grand nombre, qui marchent un peu à tâtons, sans trop savoir où un auteur a puisé sa force, ses erreurs et ses tendances, ou même ses qualités, quand il en a. C'est pour cette catégorie d'esprits timides que je me permets les observations suivantes :

Indépendamment des grands écrivains de l'antiquité, que je crois connaître un peu, j'ai suivi avec une prédilection marquée les écrivains du siècle de Louis XIV ; ma jeunesse s'est nourrie des écrits de MM. de Chateaubriand, Bernardin de Saint-Pierre, de Maistre (Joseph et Xavier), de l'*Essai sur l'indifférence en matière de religion*, de M. de Lamennais, si grand à son début, de M. de Bonald et des poésies de M. de Lamartine. Par un bonheur providentiel, j'ai eu pour maître, au sortir du collége, le maître le plus célèbre de ce siècle, M. Villemain. Il nous jetait à pleines mains, en 1827, les aperçus les plus ingénieux, avec une verve, une puissance et un charme de parole que je n'ai retrouvés nulle part au pied d'une chaire d'enseignement. C'était l'époque [où la Sorbonne tenait le sceptre du monde littéraire et scientifique.

Quand je revins à Paris, après 1830, m'asseoir sur les bancs de l'École de Droit, la Sorbonne était veuve de ses grands hommes; la politique avait spolié la jeunesse; MM. Guizot, Villemain et Cousin étaient condamnés aux luttes parlementaires.

Mais le talent est comme le Pouvoir, il est héréditaire en France. M. Saint-Marc Girardin, le regrettable M. Th. Jouffroy reprenaient le sceptre que leurs illustres devanciers avaient déposé sur la chaire de la Sorbonne pour en prendre un autre à notre tribune nationale. M. Saint-Marc Girardin appartient à la grande école qui a fait la gloire des lettres; ses leçons sur Rousseau, que je devais combattre plus tard, me font son obligé; je paie ma dette par une admiration et une reconnaissance bien légitimes. M. Jouffroy avait l'étoffe d'une grande renommée; détaché de la foi de ses pères, il n'a pu trouver dans la raison absolue de l'individu que le scepticisme fatal où viennent nécessairement s'abîmer les intelligences d'élite, quand Dieu ne tient plus le fil qui les rattachait à la vie morale.

Je ne veux point passer devant le Collége de France sans remercier le modeste et savant M. de Portets, qui nous expliquait avec une merveilleuse clarté l'origine du Droit et le caractère de l'Autorité. En 1834, M. Rossi nous développait, à la *Faculté de Droit,* ses savantes théories sur les Constitutions modernes; quelques leçons sur les principes des sociétés humaines m'ont laissé des souvenirs pleins de regrets pour la mémoire de cet homme supérieur, que le poignard d'un misérable enlevait à la Papauté et à la science. A la même époque, dans la modeste chapelle d'un collége de Paris, considérable tant qu'il resta fidèle à la pensée de ses fondateurs, le R. P. Lacordaire, qui fut grand dès son début, groupait au pied de la chaire sacrée une réunion privilégiée de toutes les illustrations, au milieu desquelles on voulut bien me donner l'hospitalité. Je n'ose pas remercier le célèbre dominicain, dont les idées sur la *tache originelle* m'ont été fort utiles. La parole du prêtre est le pain de tous les hommes.

Il y a dix ans, enfin, placé à la tête d'un journal comme rédacteur en chef, j'eus occasion d'entrer en relations avec un homme d'État qui a un nom en Europe, M. Nothomb, ambassadeur de S. M. le Roi des Belges à Berlin. Si je sais quelque chose sur les hommes et les choses de cette époque, je dois beaucoup à cet homme d'État distingué, qui m'a traité avec une indulgence bien supérieure à mon mérite. Un entretien d'une heure avec les hommes qui mènent les affaires de ce monde en apprend plus qu'une paperasserie de plusieurs mois dans de vieux bouquins ou les causeries puériles et insignifiantes de ces élégants ennuyeux du monde, dont la vie s'échappe entre les occupations de la toilette et les graves soucis d'une partie de chasse. Ce que j'étais comme publiciste pendant les années 1843, 1844, défendant les prérogatives de la couronne du roi Léopold contre les radicaux, c'est-à-dire la monarchie contre l'esprit démagogique, je le suis encore en 1853.

Je viens de nommer mes maîtres. Si donc, contre toute espérance, quelques pages de ce

travail devaient trouver grâce aux yeux du lecteur, il saurait à qui en reporter le mérite.

Je voulais le publier en octobre 1851 ; on
me fit remarquer que les circonstances n'é-
taient pas favorables, les passions étant trop
ardentes. Je me rendis à ces raisons. Pendant
que j'étais en Italie, la forme républicaine dis-
paraissait, et mon ouvrage, écrit au point de
vue des principes, restait tout entier ; je n'ai
eu qu'à introduire une réponse à l'objection
tirée de la *délégation*.

Je le publie malgré le sentiment profond de
ma faiblesse. Je l'ai écrit, je l'avoue, avec plaisir ; mes idées étaient mûres, je ne faisais que
céder à de vieilles convictions. L'introduction
a été plus laborieuse ; j'avais à combattre, sous
le portique du modeste monument que je venais d'élever, des idées qui traînent toujours
des noms d'hommes à leur suite. En repous-
sant l'idée, je me suis montré, je le crois du
moins, car c'était et c'est mon intention, plein
de déférence pour de grandes adversités et
pour les hommes qui sont tombés, soit sous
les ruines de la monarchie orléaniste, soit
sous les décombres de la république.

En prenant pour titre : *Pouvoir et Liberté,* j'ai seulement indiqué les deux termes extrêmes de ma pensée, qui roule tout entière sur la proposition suivante : « Origine et légitimité du Pouvoir dans l'ordre social et politique, considéré dans ses rapports avec la Liberté. »

On écrit pour faire triompher ce que l'esprit croit être la vérité. A défaut de mérite, il reste au fond de ce travail un caractère de conviction que la critique, même la plus malveillante, ne saurait détruire ; or, je l'avoue sans orgueil comme sans fausse modestie, je ne connais pas au monde de plus noble jouissance que ce témoignage de la conscience.

Qu'il me soit permis, en terminant, de remercier le mérite modeste et dévoué de M. Louis Hervé, qui a bien voulu revoir les épreuves de ce travail.

Paris, 25 février 1853.

INTRODUCTION.

Quand un peuple, transformé par le temps, ne peut plus rester ce qu'il a été, le premier symptôme de sa maladie c'est la haine du passé et des vertus de ses pères.

(CHATEAUBRIAND, *Mémoires d'outre-tombe*, t. X.)

En publiant les réflexions suivantes sur deux principes qui gouvernent le monde, l'Autorité et la Liberté, nous n'avons ni l'espérance ni la prétention de réformer le genre humain.

Les peuples de l'antiquité et les nations modernes ont subi, à certaines époques de leur existence, l'influence d'une maladie inhérente à la nature de l'homme, l'égoïsme, premier symptôme de toute décomposition sociale et individuelle, puisqu'il est la négation du sacrifice, base de toutes les sociétés. Quand on examine de près le caractère véritable des révolutions politiques et religieuses des derniers siècles, on reconnaît aisément que le mal procède d'une origine commune: l'antagonisme de l'Autorité et de la Liberté. Mais, en dernière analyse, l'orgueil, et par suite la haine de toute autorité, est la cause première, efficiente, suivant l'expression des ontologistes, de cet incendie dont les cendres couvrent le monde, sans qu'on puisse affirmer que le foyer soit éteint.

Ce n'est pas dans un travail de quelques pages qu'il est possible de retracer, même en raccourci, la physionomie des révolutions dont l'histoire nous offre le tableau.

Le sujet commence à la révolte du premier homme contre Dieu, la plus terrible des révoltes contre l'Autorité, dans son principe et dans ses conséquences, puisqu'elle continue sa marche, nous emportant par pièces et par morceaux, les uns tôt, les autres tard, dans les profondeurs de l'éternité.

Mais chaque révolution a cependant un caractère qui lui est propre.

La Révolution française, à travers tous ses excès et les crimes dont elle s'est couverte, a un caractère d'effrayante grandeur qui donne une sorte de vertige à ceux qui essaient d'en gravir le sommet. Sa marche audacieuse, quelques-unes de ses rares conceptions, inspireraient presque une velléité d'admiration que la vue seule du bourreau comprime, à l'instant même, dans toutes les âmes honnêtes. On est frappé de l'audace, du sang-froid de cette Constituante qui paraît animée d'une sorte d'inspiration, insensible à la voix de la justice, poursuivant son œuvre et disparaissant, après avoir creusé le gouffre où doivent tomber les victimes de ses haines, qu'elle voile sous le nom perfide de patriotisme. Or, c'est là un des caractères dominants de la révolution qui a brisé trône et autel : attaquant la royauté pour immoler plus tard le principal appui de cette royauté, l'Église catholique. Les hommes qui la conduisent, cette révolution, ou plutôt qui la font, semblent obéir à un mot d'ordre. Partout la même fureur, partout et chez tous la même haine du passé, sans autre plan apparent que la destruction de tout ce qui peut rappeler la monarchie ou la puissance de l'Église.

La Convention exécute ce que la Constituante a conçu : elle résume dans son effrayante individualité l'esprit révolutionnaire au plus haut degré. Apothéose effroyable qui couronnait le matérialisme dégradant d'une philosophie abrutissante, que les rois avaient soutenue et prêchée de précepte et d'exemple pour compléter la guerre impie que leurs prédécesseurs avaient commencée sous l'inspiration délétère d'un moine allemand!

Cherchez le patriotisme dans cette trinité qui a laissé dans l'histoire ces noms de sang qu'on n'ose écrire. Demandez à Marat, à Danton, à Robespierre quel fut leur patriotisme. Ils n'ont eu qu'une pensée, passer le niveau sur le genre humain, et couvrir du drapeau de la liberté cette rage hébétée et convulsive qui faisait grimacer la Mort, fatiguée du rude labeur que lui imposaient ces Tibères de la démagogie.

L'histoire est remplie des crimes et des forfaits des empereurs romains : elle énumère, un à un, les noms des tyrans qui se sont joués de la vie des hommes. Il n'y a point d'exemple d'un fanatisme brutal tenant école, ayant une secte et des adeptes chargés d'écrire la théorie d'une révolution et d'en propager les principes, comme ferait le chef d'une religion qui annonce au monde une nouvelle doctrine, une nouvelle révélation. C'es cependant ce que la France et l'Europe ont vu depuis soixante ans.

En effet, rien ne manque à l'esprit révolutionnaire qui mine les sociétés modernes. La révolution a ses dogmes, sa morale, sa discipline. Elle dit au monde : « Liberté, Égalité, Fraternité. » Voilà pour sa foi.

Elle ordonne systématiquement à ses disciples de viser au cœur tout ce qui est autorité, quel qu'en soit le nom. Elle enseigne méthodiquement le matérialisme, la jouissance des sens par l'abrutissement de l'intelligence et la dépravation du cœur : voilà sa morale. Elle agit suivant les lieux, les temps et les hommes. Elle obéit à des chefs hiérarchiquement, et commande l'obéissance passive au nom de la liberté. Pour elle, détruire c'est avancer. Elle pénètre avec une persévérance désespérante toutes les couches sociales. Elle a un but très-déterminé, c'est l'anéantissement de la religion catholique; ce qui ne l'empêche pas de parler morale et religion aux populations, afin de captiver leur confiance et de mieux les dominer en trompant leur bonne foi. Elle joint l'hypocrisie à la violence, dernier degré de la perversité morale. Voilà sa discipline. Elle a eu ses prophètes dans le siècle dernier. Elle s'honore de compter Voltaire et Rousseau à la tête des grands hommes qui méritent son culte et ses hommages.

Elle détruit dans le cœur de l'homme toute idée généreuse, tout sentiment de patriotisme; car le patriotisme, c'est le sacrifice, c'est le dévouement au bonheur public, c'est l'abnégation de l'individu au profit de la société. Or, si on la considère dans sa source, on reconnaît promptement qu'elle procède d'en haut et non d'en bas. Fille de la pensée et de l'orgueil, elle n'arrive au peuple que par la convoitise et l'implacable avidité des grands.

D'où vient, en effet, la corruption qui déprave les âmes et abrutit les intelligences? Est-ce le peu-

ple qui demande de gros impôts? Est-ce le peuple
qui demande la domination? Mais c'est lui qui paie
les impôts. Est-ce le peuple qui construit des châteaux? Est-ce le peuple qui couvre ses jardins de
statues et de vases précieux? Est-ce le paysan qui
recueille les jouissances de vos concerts, de vos
opéras, de vos théâtres, où les mœurs sont mises à
l'encan, la pudeur ridiculisée, l'adultère excusé,
le concubinage présenté comme une nécessité sociale, la religion comme une faiblesse d'esprit, et
l'honneur patriarcal de nos pères offert à la jeunesse comme un trait de mœurs digne, tout au plus
de piquer la curiosité des savants?

Est-ce le peuple qui écrit des théories morales?
Est-ce le peuple qui fait des traités de philosophie?
Est-ce le peuple qui compose des romans? Est-ce
le peuple qui dramatise toutes les turpitudes de
l'histoire pour les exposer sur la scène? Est-ce le
peuple qui corrompt les grands, ou sont-ce les
grands qui corrompent le peuple? Est-ce le peuple qui a inventé les jeux de Bourse, où viennent
s'engloutir l'épargne du pauvre domestique et les
petites économies de l'artisan? Est-ce le peuple,
travaillant douze et quinze heures par jour, pour
gagner le strict nécessaire d'une vie de privations,
qui a découvert les moyens de faire fortune en
six mois et de gagner des millions en trompant

le public par des valeurs imaginaires? Est-ce le peuple qui compose des feuilletons infâmes ? Est-ce le peuple qui corrompt les filles des grands, ou sont-ce les fils de famille qui portent la honte et la dépravation chez les filles du peuple?

C'est donc d'en haut que vient la corruption, et jamais d'en bas.

Cherchez un lien commun entre les hommes de carrières diverses : où est-il? où peut-il être? quels devoirs leur a-t-on enseignés? L'égoïsme ! voilà le point de contact, de ressemblance, le trait auquel vous les reconnaîtrez tous, à peu d'exceptions près. Étrangers à toute idée morale, étrangers à toute idée religieuse, ils n'écoutent que les cris d'une conscience avide. La vie est pour eux un théâtre où le succès appartient au plus habile. Or, le succès dans ce monde, c'est la fortune qui conduit aux honneurs, aux dignités, au pouvoir, à ce bonheur matériel dont les jouissances terrestres sont le terme. Aussi voyez avec quelle avidité ces natures ardentes se précipitent à la curée. Elles ont besoin de jouir, et de jouir promptement. Hâtez-vous; les fleurs passent vite, et déjà vos héritiers, vos successeurs sont sur vos pas. La vie n'est pas assez longue pour faire des sacrifices. Cédez la place : le patriotisme et la fraternité l'exigent !

Vous ne referez pas le monde, murmure-t-on tout bas. Ce n'est pas ma prétention. La maladie est trop grave. Voyageur obscur dans cette vie, j'essaie de déblayer la voie où quelques compagnons de route pourraient se heurter. Si j'avais la puissance de Moïse, je monterais sur le Sinaï de la Cité moderne pour crier aux enfants du siècle : « Ne passez pas par là, vous trouverez la mort sur ces rivages où vous cherchez un refuge contre les tempêtes de la vie. »

Étudiez la société française dans les régions supérieures, descendez au sein des classes intermédiaires, et pénétrez jusqu'aux parties infimes.

Au faîte même de cette société, une inquiétude immense, incessante ; une agitation fébrile de tous les instants, qui ne donne aux âmes ni trêve ni repos. Richesses, honneurs, dignités de toutes sortes, à quel prix n'est-ce pas acquis !

Demandez à ces intelligences d'élite, à ces hommes qui portent le fardeau des affaires, la cause de cette frayeur, de cette pâleur livide qui les rend vieux avant l'âge ! Rien de stable. Aujourd'hui grands et puissants, demain dans l'exil ou dans les prisons ! Aujourd'hui populaires, demain voués aux exécrations d'une populace en délire. Tous ces biens que rêvent jusqu'à la fureur les âmes maladives d'un siècle sans foi et sans con-

viction, se changent, du matin au soir, en servitude, pauvreté et douleur, sans qu'on s'inquiète
de la raison puissante qui enfante ces bouleversements et ces malheurs.

Il s'est trouvé des hommes qui ont dit dans les
jours d'une prospérité éphémère : « Comment
faire pour être toujours les maîtres? Comment
faire pour diriger sur les flots agités d'un océan
sans rivages le vaisseau de l'État, que viennent
assaillir avec la fureur de l'ouragan les passions
toujours renaissantes d'un peuple mobile et insatiable? Ces hommes ont fait un pacte, se jurant
une amitié et un dévouement sans bornes; puis,
se trahissant ou se ralliant suivant les nécessités
du moment, ils ont pris le drapeau de tous les
règnes, sans autre principe que le culte de leur
fortune.

Le mot d'ordre est le même pour tous ces
hommes. La liberté est leur dieu; mais, ils ne reconnaissent ce dieu suprême qu'à la condition
d'en être les ministres.

Pour arriver au pouvoir sous la Monarchie, ils
se sont faits monarchistes; pour arriver au pouvoir sous la République, ils se sont faits républicains. Sous tous les régimes, le pouvoir est leur
champ de bataille, tant l'intrigue et l'hypocrisie
sont dans leur nature et dans leurs mœurs!

Ces hommes qui ont convoité la difficile et redoutable mission de gouverner les peuples, ont écrit et parlé tous les langages, proclamé toutes les doctrines; prôné ce qu'ils appelaient cyniquement les FAITS ACCOMPLIS, doctrine dégradante pour l'intelligence; doctrine fatale pour l'âme, dont elle étouffe les plus nobles instincts, les sentiments les plus généreux.

De là, cet abaissement des caractères, premier symptôme de la décadence d'un peuple.

N'avons-nous pas vu, dans cette première moitié du siècle, une école politique poser en principe, qu'*il n'y a que les imbéciles* qui ne changent jamais d'opinion? N'avons-nous pas vu des hommes qui se sont fait un nom, servir tous les gouvernements qui se sont succédé depuis cinquante ans, en adopter les principes, conspuant le pouvoir qu'ils venaient de trahir, et justifier l'étrangeté de leur revirement, en disant qu'ils ne servaient ni l'Empire, ni la Restauration, ni la Monarchie de juillet, ni la République, ni le gouvernement de Napoléon III, mais la France! La France! si les destinées de la France devaient reposer sur de tels hommes; si la France ne devait désormais avoir pour maxime de gouvernement et de morale que cette abominable hypocrisie d'un cynique égoïsme, le mot de l'empereur

Napoléon Ier ne serait qu'une terrible prophétie dont il faudrait seulement prolonger la date : « DANS CINQUANTE ANS, LA FRANCE SERA COSAQUE! » La France sera cosaque! Cela veut dire, dans la pensée de cet homme qui voyait si loin, la barbarie à la place de la civilisation!

D'autres hommes se sont mis à l'œuvre en disant : « Le peuple appartient aux riches : brisons les fers qui l'attachent à cette servitude héréditaire; démontrons à ce peuple qu'il n'a ni liberté, ni égalité, et que, pour lui, la fraternité est un vain mot. » Puis, avec une opiniâtreté inébranlable, une école systématique a démoli pièce à pièce, morceau à morceau, tout l'édifice social.

Au nom de la liberté, on a affranchi les âmes de tout lien d'obéissance; la puissance paternelle a été reléguée dans le confessionnal des jésuites; la foi conjugale n'était qu'une invention des prêtres pour l'espionnage des consciences et la sécurité des gouvernements inquisiteurs du moyen-âge; la religion, une fable imposée à la crédulité des masses, une superstition des premiers siècles, indigne d'un peuple libre et penseur. Et le peuple hébété, aveuglé sous des avalanches de publications impures, abruti par des prédications abominables, a poussé un cri de fureur à la vue des misères et des souffrances où des exploitateurs impiloyables l'avaient jeté, en lui promettant ces monts d'or qu'on ne trouve même pas dans les *Contes des mille et une Nuits*. Le doute est entré dans son âme, il a abandonné cette foi qui 'faisait sa force, pour n'écouter que les inspirations du désespoir; puis il s'est mis à maudire Dieu et la société, il a brisé ses chaînes. Ce qu'il a fait, abandonné à son instinct, encore tout meurtri de ce long servage où l'avaient tenu ses prophètes et ses maîtres, soixante ans de révolutions le disent mieux que le récit le plus dramatique, fût-il tracé par la plume de Tacite!

La papauté et la royauté étaient, dans l'état religieux et politique, la voûte de l'édifice où l'humanité s'était réfugiée, comme dans l'arche d'alliance que Dieu a donnée aux hommes pour se sauver et échapper ainsi au déluge perpétuel des passions et des révolutions. Ces deux signes vivants et traditionnels de l'autorité, l'esprit révolutionnaire les a battus en brèche, depuis trois cents ans, sans relâche, à la face des hommes ou dans es ténèbres : écrits, pamphlets, discours, théâtre, lviolence ouverte, hypocrisie, corruption, conspirations, tout a été employé pour détruire cette double puissance de Dieu.

Quand la papauté a été ébranlée, la royauté renversée, les ouvriers révolutionnaires ont fouillé les fondements de cette basilique où s'abrite le genre humain. Ils se sont demandé, ces funestes génies, s'il n'y avait pas quelque pierre angulaire, fondamentale, bien avant dans le sol, puisque l'édifice avait duré si longtemps. Ils ont découvert Dieu au fond, à la base même. Ne pouvant le détruire, ils l'ont maudit, ils l'ont blasphémé. En creusant à droite et à gauche, ils ont rencontré la famille et la propriété ; ils ont frappé à coups de pioche sur ces deux pierres angulaires du grand édifice ; puis, quand le terrain a été déblayé, les fondements mis à nu, ils ont poussé un cri de joie sauvage, tout surpris de ne plus rien trouver dans les catacombes de l'humanité. Ils ont écouté dans une morne stupeur si le corps social avait encore un soupir, un souffle de vie, et ils n'ont entendu que l'hymne lugubre du prince des enfers. Plongés dans les ténèbres de cet horrible chaos, ces hommes qui avaient brisé des sceptres, détruit le temple de Dieu ; ces hommes qui avaient dressé l'échafaud pour purifier le vieux monde et féconder le sol du sang des martyrs, ont voulu refaire une société à leur image et à leur fantaisie ; ils ont dit au peuple :

« La Papauté excommuniait les rois, la Papauté n'est plus qu'un mythe.

« La Royauté opprimait les peuples, la Royauté n'existe plus.

« La Religion était l'arme des fanatiques et l'instrument des despotes. Votre religion, c'est la Liberté.

« La famille était d'invention divine, le devoir était la base de la société ; le droit sera désormais votre puissance.

« La destinée de l'homme était dans une autre vie ; mieux éclairés, vous comprendrez que le bonheur est le terme de la vie humaine. Dieu a donné le monde à l'humanité ; partagez et jouissez, tout est là dans la vie. »

Ces nouveaux apôtres du genre humain qui avaient détruit la royauté se sont mis sur le trône, à la place de ces princes qu'ils avaient renversés, et ils ont dit au peuple : « L'obéissance est le salut des états. » Le peuple a courbé la tête, il a repris ses chaînes, il n'a fait que changer de maîtres.

Les biens des nobles, les biens du clergé, sont passés entre les mains de ces modestes démagogues qui n'avaient envoyé à l'échafaud tant de victimes que pour recueillir des dépouilles plus abondantes ; puis, ces implacables adversaires de la propriété se sont établis dans les châteaux, et ils ont dit au peuple : « La propriété est la base de la société. » Le peuple a repris son bât, portant les paquets des spoliateurs, servant dans les antiques manoirs féodaux les nouveaux possesseurs, qui avaient mis le pied encore tout sanglant dans les salons de leurs victimes.

Ces puritains sévères qui refusaient les honneurs à la royauté, qui s'indignaient à la vue d'un blason ou d'une armoirie, ont badigeonné les équipages que le bourreau n'avait pas brûlés, et ils ont dit au peuple : « Le pouvoir doit être honoré; les grands du monde sont les représentants de Dieu sur la terre; les richesses sont des trésors que la Providence met entre les mains des âmes généreuses pour le soulagement de la misère. » Et le peuple a repris sa besace, mendiant humblement une miette de pain tombée de la table splendide de ces nouveaux Lucullus.

Ils avaient renversé les églises, dépouillé les abbayes, profané les tombeaux. La mort elle-même n'avait pu cacher ses victimes. Ils ont dit au peuple : « Il est bon que l'homme honore Dieu. La religion est la philosophie du peuple; c'est elle qui fait connaître à l'homme ses devoirs et ses destinées. » Et le peuple s'est senti ému; il lui a semblé entendre la voix de Dieu. La justice de Dieu arrive tôt ou tard. N'est-elle pas déjà arrivée?

Quand le pouvoir a été rétabli sur des bases nouvelles, la propriété reconnue, Dieu proclamé un Être nécessaire, et la religion un besoin social, les successeurs de ces politiques se sont flattés de concilier ce qu'ils appelaient l'alliance de la liberté et de la monarchie. Ces hommes, qui avaient rêvé le règne éternel de leur grandeur et de leur fortune, ont fait une France de convention. Élaguant d'un trait de plume les plus nobles soutiens de la vieille monarchie, que la révolution de 1830 venait de renverser, ils ont dit à deux cent mille contribuables : « Vous êtes la France légale. En dehors de vous, le reste n'est plus qu'un troupeau de prolétaires, race de parias, dont vous remplirez vos usines, vos ateliers, vos antichambres, et qui vous défendront sur terre et sur mer : race de travailleurs, qui laboureront et moissonneront pour vous et pour nous. Honneurs, places, faveurs, dignités, tout est pour vous et rien que pour vous. Quiconque ne fait pas partie de cette classe privilégiée, n'est pas de la cité. Serrez les rangs, ne laissez entrer personne. La France est là. » Ces hommes n'ont pu s'entendre. L'ambition a mis aux prises ces Ulysses et ces Agamemnons de la politique ; le bataillon sacré s'est dissous. Quand l'émeute a grondé, il ne s'est trouvé en face de ses fusils que la peur et l'égoïsme. Ils avaient perdu l'intelligence. Ils se sont dispersés, abandonnant ce trône qu'ils avaient élevé, cette famille qui les avait comblés de faveurs, laissant l'honneur de la France à la merci de révolutionnaires plus ré-

solus, espérant bien qu'une fois l'orage passé, ils
pourraient reprendre le gouvernail du vaisseau,
qu'un coup de vent avait jeté à la côte. Tant que
la tempête a soufflé, ils se sont tenus prudemment
à l'écart, se vantant d'un patriotisme qui les pouvait sauver, afin d'effacer par un enthousiasme
affecté le souvenir d'une domination dont ils semblaient demander pardon. Ils se sont faits plus républicains que la République. Ils l'ont saluée avec
des acclamations répétées ; puis, quand ils ont vu
qu'ils étaient les plus forts, ils ont jeté le masque.
Reprenant les positions diverses qu'on avait eu la
témérité d'occuper dans l'interrègne de leur absence, ils ont dit : « Ces places, ces dignités, nous
appartiennent. » Le mot d'ordre a été donné par
les chefs, qui n'ont point voulu exercer directement le pouvoir. Mais ils y ont placé leurs créa-
tures, ils les ont soutenues de leurs votes et de
leurs applaudissements. C'était leur politique que
Louis-Napoléon faisait exécuter sans le savoir, —
du moins ils le croyaient. — Ils ont flatté ce prince,
que le peuple avait salué pour chef ; ils l'ont secondé tant qu'ils ont espéré ses faveurs. Ils ont
applaudi à ses actes ; ils ont appelé son gouvernement, un gouvernement réparateur. Puis, quand
ils se sont aperçus qu'ils étaient devinés, ils ont
fait volte-face, et, lui tournant dédaigneusement

la tête, ils lui ont dit : « Ce n'est ni pour vous ni pour la France que nous travaillons ; nous *voulons notre gouvernement.* » Il y a trente ans passés que ces honnêtes politiques font ce métier-là. Louis XIV disait : « L'État, c'est moi. » Ces hommes ont dit : « La France, c'est nous. »

« Le danger est passé, dit-on ! La France est en paix avec ses voisins. A l'intérieur, l'ordre règne sur tous les points. »

Je ne veux point examiner l'état de la France avec l'étranger. Mais continuons notre examen de conscience nationale.

La France est en paix ! Dans quelle classe de la société? Les vieux partis ont-ils abdiqué? Non. L'abdication, en politique, est un suicide. Un homme se suicide; un parti s'éteint ou est écrasé, mais ne se suicide pas.

Commençons par le peuple. Je ne parle pas du peuple des campagnes, le véritable peuple, qui ne fait jamais de révolutions, mais qui les subit. Ce peuple-là croit encore. Si la vie est altérée en lui, le grand air, la paix des champs, les conseils salutaires, la direction éclairée d'un clergé exemplaire et d'une administration vraiment dévouée à ses intérêts et à son bonheur, peuvent ou le ramener ou le maintenir dans les voies de la vertu.

Mais le peuple des grandes villes, ce qu'on appelle la classe des travailleurs, ces cités ambulantes qui vivent au jour le jour, cherchant leur existence dans le travail, tantôt sur un point, tantôt sur un autre; ce peuple-là, qui compte bien pour quelque chose dans les jours de révolution, puisque c'est lui qui les fait, quand le moment est venu; ce peuple-là est-il changé, transformé moralement?

Demandez à ce peuple ce qu'il veut, ce qu'il croit, où il va et quelle est sa destinée. Ce peuple hébété n'a plus qu'un souvenir, un bruit vague et confus du passé. Il cherche un avenir inconnu, mystérieux, un je ne sais quoi qu'il appelle *mieux*, et qui n'est qu'un changement de position, comme ces malades que l'art impuissant abandonne aux ressources de la nature, toujours féconde dans ses résultats, toujours merveilleuse et impénétrable dans ses procédés.

Le canon du 2 décembre l'a-t-il rendu contrit et repentant? est-il plus moral?

Jetons un coup d'œil, en passant, dans nos grands centres de population : Paris, Lyon, Marseille, Bordeaux, Nantes, Rouen, Mulhouse, Lille, Strasbourg, Saint-Étienne, en un mot, toutes nos cités industrielles et commerçantes, sont-elles devenues subitement, et comme par enchantement, des Jérusalem célestes, échappées, sous le souffle inspirateur de nouveaux Isaïes, à la colère divine?

Les lieux de débauche, les cabarets, les maisons où tenaient séance les démagogues.de 1848, sont-ils deserts? Ces repaires, où l'artisan trouve de honteux complices de son libertinage, sont-ils abandonnés?

Ces pauvres ouvriers, sans famille dans la plupart des grandes villes, ne travaillent-ils plus le dimanche? Ces petits livres où la morale du crime est enseignée dogmatiquement pour deux sous, et même moins; ces images où la débauche des barrières est dessinée en action; ces réunions ténébreuses, que l'habitude a rendues presque indifférentes à la société, qui ne s'en occupe que quand l'incendie est sur ses toits, tous ces éléments de corruption ont-ils disparu?

Le peuple est changé!

La presse des feuilletons, les éditeurs de romans obscènes et impies, les entrepreneurs d'illustrations à double sens, tous ces prédicateurs de carrefour n'ont-ils pas dressé leurs batteries de manière à le tenir constamment en haleine?

Le peuple est changé!

A-t-il renoncé à ses idées de socialisme, qui n'est que le vandalisme en action? A-t-il renoncé à la convoitise, qu'il avouait tout haut dans les mauvais jours d'une puissance effrayante, quand il se croyait maître du terrain et résolu à en finir avec les riches? Est-ce à Paris, est-ce à Lyon, est-ce à Marseille, est-ce à Rouen, est-ce à Bordeaux, est-ce à Saint-Étienne, est-ce au nord ou à l'est que la classe ouvrière est changée? Nulle part.

Mais, elle a voté pour l'Empire!

Que l'Empire tombe demain, et ce peuple, dont le sourd bourdonnement se fait entendre au fond de la société, comme le bruissement d'une fournaise ardente de volcan; ce peuple, qui n'est que comprimé par la volonté puissante que la Providence a déléguée pour arrêter la révolution prête à tout engloutir, corps et biens; que l'Empire tombe, et le lion sortira du désert, d'autant plus violent, que la chaîne l'aura plus fortement serré.

Non, il n'est pas donné à la volonté humaine, la plus énergique et la plus généreuse, d'opérer ces merveilles : le temps seul et Dieu peuvent conduire dans une autre voie, quand il plaît à la sagesse éternelle de sauver un peuple!

Les masses sont trop matérialisées pour sortir ainsi brusquement de l'ornière des révolutions, où les ont précipitées les principes et les exemples d'une société dépravée, telle que l'ont faite les doctrines du dix-huitième siècle.

Or, s'il y a une excuse pour le peuple, s'il est plus digne de pitié que de châtiment, n'est-ce pas sur ceux qui devaient le diriger que la responsabilité doit retomber ?

Et qu'est-ce que la vie pour le pauvre ouvrier ? Un long servage sans jouissance et sans espérance.

Quel spectacle a-t-il sous les yeux ? Dans les grandes villes, on le force à travailler les dimanches et fêtes. Sa vie est à ces conditions. Sa femme, ses enfants n'ont leur maigre pitance qu'à la sueur de son front. Pour lui point de repos. L'avidité de ses seigneurs et maîtres est insatiable.

Les affaires reprennent. Allons, du courage. De sept heures du matin à dix heures du soir, il faut travailler. C'est la fin de l'année, la commande presse, on se reposera ensuite. C'est vrai. Quand l'ouvrier s'est ainsi énervé pour enrichir le fabricant, on le congédie, sauf à le reprendre si la besogne arrive. Il a pour capital une santé usée par l'excès du travail, et l'hôpital pour Invalides, en attendant la fosse commune.

Quand il parcourt les rues, les places, les boulevards de nos riches cités, il trouve sous ses yeux de splendides magasins ouverts à toutes les bourses, à toutes les convoitises, à toutes les heures, tous les jours sans exception, avec des marchands qui prient Dieu les dimanches et fêtes en remplissant leurs caisses. Voilà l'exemple qu'il reçoit sur les quatre points cardinaux de la France.

On voudrait bien le laisser se reposer le dimanche, mais le chemin de fer est coté à la Bourse et il n'est pas achevé.

Si on laisse la fabrique en repos, le commerce va s'arrêter! L'ouvrier est une machine.

Ainsi le veulent la liberté du travail et les principes de l'économie politique.

Le peuple n'est pas économe. Il dépense à mesure qu'il gagne. Cela est vrai.

A côté des Caisses d'Épargnes, destinées à recevoir ses économies, qui doivent être considérables, quand il faut nourrir une femme et des enfants avec quatre francs par jour, payer le loyer, se vêtir, sans parler des jours de maladie, la société s'est chargée, avec une sollicitude merveilleuse, de l'amuser à bon marché. Des petits théâtres, où il apprend la morale et les lois de l'obéissance, sont établis dans chaque quartier, dans toutes les villes un peu civilisées. Afin de le tenir en haleine et de lui donner un avant-goût des élégances bourgeoises, les entrepreneurs de bals publics, sous la surveillance des sergents de ville, censeurs du maintien des bonnes mœurs, sont chargés de lui procurer des salles bien décorées, bien éclairées, où il puisse, toujours aux dépens de sa famille, laisser en toute sécurité une partie des gains de la semaine. Pour varier ses plaisirs, les *Barrières* lui offrent des fêtes champêtres, où l'œil exercé du gendarme remplace la vigilante activité de l'agent de police.

Ce que les bals, les *casinos* n'ont pu faire, les cabarets l'achèvent, au détriment de la santé de l'ouvrier et de la morale publique.

Et l'ouvrier est changé! et l'esprit du peuple est meilleur! Illusion! Non : bercé depuis l'enfance d'idées fausses dans l'ordre moral et politique, convaincu qu'il est tout et qu'il ne cède qu'à la force, ce peuple n'est pas changé. — Il changera peut-être! — Je le désire, je l'espère; j'ai voulu constater ce qui est.

Un peu au-dessus se trouve une autre classe, espèce de chevaliers, ni patriciens ni peuple, voulant s'élever aux premiers, qui la dédaignent, et méprisant le second, d'où elle sort; classe intermédiaire qui a la prétention de gouverner le monde.

Cette classe, qui compte ses Pompées et ses Cicérons, qui les tient en réserve pour des jours meilleurs; cette classe, qui montait la garde au pied de l'échafaud de Louis XVI, qui s'est alliée à toutes les époques de la Révolution, et sur tous les points de l'Europe, aux violences de la démagogie;

Cette classe, qui avait pour chefs Danton et Robespierre, quand la France avait pour sceptre la guillotine; qui, dans des temps plus récents, applaudissait Mazzini à Rome, et qui forçait le Grand-Duc de Toscane à quitter Florence;

Cette classe, qui voulait faire à Naples, du roi Ferdinand, un compagnon d'exil de Pie IX; qui montait sur les tréteaux de Manchester et hurlait, dans les *meetings* de Londres, des *hosanna* en l'honneur de Kossuth;

Cette classe, qui poursuit de sa haine tout ce qui se rapporte aux institutions catholiques en Belgique et sur le continent; qui mine systématiquement les idées morales dans ses écrits, ses discours et ses actes;

Cette classe, qui ne vit que par le peuple, qui le tient dans ses ateliers, qui lui vend à faux poids et à fausse mesure, tant qu'elle peut; dont les chefs parlaient de liberté à la tribune, quand la tribune était debout; dans ses chaires d'enseignement, quand l'enseignement se proposait uniquement de refaire la société à son image, et avait pour patron Voltaire et Rousseau;

Cette classe, qui a inondé la France, l'Europe entière de pamphlets et de romans où l'obscénité et l'impiété sont érigées en dogme;

Cette classe, qui s'est glissée dans toutes les administrations, depuis le maire de campagne jusqu'aux ministres; qui a fait une monarchie en 1830 et qui l'a bafouée en 1848, après en avoir été comblée de faveurs, de bienfaits et d'honneurs;

Cette classe, qui, en 1847, applaudissait niaisement aux déclamations de James Fazy, en Suisse; et qui pleurait de honte, le 25 février 1848, d'avoir été jouée par une poignée d'audacieux;

Cette classe, qui comptait faire du Prince Louis-Napoléon une espèce de joujou, en attendant le retour de ces malheureux Princes qu'elle avait condamnés à l'exil;

Cette classe, qui voudrait des armoiries sur ses boutiques et un blason pour enseigne;

Cette classe, qui regarde les intérêts matériels comme le terme de la vie humaine, qui fait du dimanche un jour de spéculation, tenant boutiques et chantiers ouverts, sans se préoccuper en aucune façon de l'idée religieuse, dont les gens du peuple ont besoin, mais que dédaignent comme une superfétation les calculateurs habiles;

Cette classe, qui pressure le petit peuple, spécule sur l'aristocratie, vit de l'un et s'enrichit par l'autre, méprisant le premier, haïssant la seconde, sans autre culte, sans autre loi que l'intérêt, sans sans autre crainte que le Code pénal, l'évangile de sa moralité, et la mesure de sa délicatesse;

Cette classe, qui n'a vu dans la royauté éphémère des dix-huit dernières années qu'un *banquier couronné*, ne pouvant plus faire honneur à sa signature, et qu'elle a déclaré en état de faillite, quand la libéralité du prince qui portait le sceptre a été dans l'impossibilité d'enrichir tous les affamés qui venaient assiéger les marches du trône et mendier leur quote-part d'un budget incomparable dans les fastes de la monarchie française, et plus incomparable encore avec le budget des nations européennes;

Cette classe, qui se nommait la classe des libéraux sous la monarchie, et qui approuvait à la tribune et dans ses journaux la résistance et l'esprit révolutionnaire à l'étranger,

Cette classe, qui assistait l'arme au bras, le 24 Février, en criant: *Vive la Réforme!* à la lutte de la République et de la Monarchie, aussi incapable de comprendre l'une que de servir l'autre;

Cette classe, qui saluait la République en grimaçant, qui se disait plus républicaine que les forcenés qui ont amené les journées de juin 1848, qui courait dans tous les colléges électoraux, maudissant le monarque qui l'avait enrichie;

Cette classe, qui, le 4 mai 1848, acclamait la République avec des vociférations surhumaines;

Cette classe, qui n'a ni le noble désintéresse-
ment qui fonde et conserve les républiques, ni
la grandeur morale qui assoit et illustre les mo-
narchies;

Cette classe, qui ne voit dans le clergé et la religion qu'un moyen de police, un peu moins dis-
pendieux qu'une armée;

Cette classe, qui n'a jamais servi la France,
parce qu'elle n'a ni les vertus de l'aristocratie, ni
le sublime dévouement du peuple;

Cette classe, qui ne s'est élevée que par les révolutions, à toutes les époques de notre histoire;

Cette classe, qui dédaigne le service militaire,
parce qu'elle n'estime les gens et les professions
qu'en raison du budget, et que l'armée n'a pour
fortune que le courage et l'honneur;

Cette classe, qui peuple et entretient les théâtres,
et qui regarde la vie comme un grand banquet
dont les plus habiles prennent la plus grosse part;

Cette classe-là, est-elle changée, est-elle meilleure, plus morale depuis le 2 décembre 1851?

Parcourons la France à vol d'oiseau. Entre les
villes, semées çà et là comme de nombreuses oa-
sis où l'industrie et le commerce ont bâti leurs palais, et les chaumières où le laboureur abrite sa
famille au milieu de son modeste patrimoine, s'é-
lèvent, de distance en distance, des tours, des

châteaux-forts, vieux débris de splendides fortunes; nobles manoirs de cette autre société qui a
ses racines dans le sol de la France, vigoureuses
et fortes comme le cèdre du Liban, mais épuisée
dans sa sève; troncs que le temps a desséchés,
que la vie semble abandonner, et qui poussent
encore quelques branches puissantes et fortes,
derniers rejetons d'une végétation qui s'éteint,
parce que le sol qui les nourrissait a été travaillé par le volcan des révolutions. C'est dans ces
familles que la France compte ses noms illustres.
La gloire militaire, les hommes d'État qui ont
conservé un nom, les grands maîtres qui ont écrit
ou retracé sur la toile la vie de ces héros qui commencent leur carrière au berceau de la monarchie, et qui s'arrêtent au pied de l'échafaud de
Louis XVI; les mœurs, les institutions, la langue
de cette France telle que l'écrivent et la parlent
les plus beaux génies du xixe siècle; la France
avec sa marine, ses limites, ses grandes industries,
la France avec tout son territoire, la France avec
son honneur devant toutes les puissances conti-
nentales; la France avec ses colonies, son protec-
torat qui s'étend sur le tombeau du Christ et la patrie de Périclès; la France, avec tout son passé,
voilà l'œuvre de ces hôtes qui habitent çà et là, au
pied des montagnes, dans la plaine, sentinelles

perdues, toujours à l'avant-garde des traditions et des vieilles gloires nationales.

Cette société, qui se trouve sur tout le sol européen avec les mêmes traditions, la même élégance et la même simplicité de vie et de mœurs; cette société, qui conserve religieusement les lois antiques et patriarcales de la famille, semble justifier le mot que, dans un moment d'humeur, lui appliquait un homme célèbre : « *ils n'ont rien appris et rien oublié.* » Cette société, ou, plus exactement, ce parti, possède les deux cinquièmes du territoire de la France. Il a pour lui l'antiquité de la race, la grandeur du nom et l'influence de la fortune. Triple puissance qui n'a de valeur qu'à la condition de s'en servir; triple puissance, qui grandit ou s'éteint suivant l'emploi qu'on en fait. C'est sur ce trône que s'appuyait la monarchie du passé. Ces grandes familles vivaient, se développaient à l'ombre de cette vieille royauté qu'elles avaient combattue au moyen âge et qui les avait nivelées après avoir abattu la puissance de l'Angleterre. Quand le chef de cette lignée de rois, qu'elles s'honoraient de servir, se fut éteint dans la personne de Louis XIV, fatiguée d'un joug dont l'égalité était l'âme, elles rêvèrent je ne sais quelle puissance qui ne pouvait que les reporter à la France de Charles VI, ou les précipiter dans les orgies démagogiques où le génie hypocrite de Cromwell avait plongé l'Angleterre. La Providence, qui permet tout, même le mal, laissait sur le trône de France un enfant et un Régent, l'un sans expérience, l'autre dépravé et corrompu ; et cependant ce Régent d'Orléans devait tenir le sceptre et montrer à son pupille les routes, non de la monarchie, mais de la royauté, sacerdoce auguste qui demande de l'intelligence, de la vertu et de la volonté, c'est-à-dire la force et le courage de la justice.

Le 2 septembre 1715, le lendemain de la mort de Louis XIV, le duc d'Orléans, en personne, plaide lui-même devant le Parlement, demandant que le testament du grand Roi soit cassé. Le premier prince du sang se ligue avec le Parlement pour décréter la royauté de prise de corps. L'Église n'a point à redouter la voix de Bossuet. Les chefs de la grande noblesse, les illustrations militaires et les gloires en tous genres, ont précédé dans la tombe le char funèbre de Louis XIV. Il ne reste plus auprès du roi enfant qu'une noblesse vaniteuse et inquiète. Dans les provinces, la noblesse, qu'on appelait dédaigneusement la petite noblesse, pepinière où se recrutaient les officiers et les héros, aspirait à reprendre rang et à sortir de cette décrépitude où l'avaient forcément réduite les prodigalités des courtisans. Cette aristocratie, dernier débris d'un passé plein de grandeur, voulait des priviléges, c'est-à-dire l'iniquité dans le gouvernement. Régent, Parlements, Noblesse, qui ne voyaient dans le peuple qu'une multitude destinée par la Providence à perpétuer l'humanité et à cultiver les champs, se mettent à l'œuvre, travaillent dans les boudoirs, les salons, les journaux, les fêtes, les guerres, la diplomatie, les finances, les lettres et la philosophie, pour savoir combien il fallait de temps pour détruire une monarchie que nos pères avaient mis mille ans et plus à édifier. La besogne était rude, mais pas au-dessus des forces humaines. Il fallait arracher les pierres séculaires cachées dans les profondeurs du sol. La monarchie française, avec ses conditions de vie et de développement, s'appuyait sur la religion catholique. C'était là sa force et sa grandeur. C'est contre le catholicisme que Voltaire lutte pendant soixante ans de sa vie. Ses œuvres sont un long factum contre l'esprit chrétien. Théâtre, poésies légères, philosophie, romans, poésie épique, histoire, correspondance, il emploie toutes les formes pour faire triompher sa haine. La monarchie était dans les mœurs, dans les institutions, dans les lois, dans les traditions, dans l'âme du peuple, plus même que dans le cœur de la noblesse. Rousseau attaque la royauté par sa base. Il conteste à la famille la puissance paternelle ; il dégrade l'autorité du père pour avilir l'autorité du prince ; il sape audacieusement la sainteté de tout pouvoir, et va chercher je ne sais où un Contrat, qui n'existe que dans son imagination. Montesquieu lui avait ouvert la route. Le génie frondeur des *Lettres persanes*, les doctrines erronées de l'*Esprit des Lois*, avaient appris à douter cette foule béate de lecteurs, qui prennent pour des axiomes incontestables des affirmations audacieuses. Beaumarchais, suivi du même peuple philosophique, avait mis à nu, avec une implacable perversité, toutes les plaies sociales. La bourgeoisie, le peuple, mêlaient leurs cris d'admiration aux rires sceptiques d'une noblesse énervée. Le monarque se moquait lui-même de la monarchie. Son ambition était seulement de mourir sur le trône, entre la Pompadour et la Dubarry, filles de joie de haut salon, qu'il avait endimanchées d'un titre pour avoir le droit de *crapulariser* sa cour. Quand Louis XVI monta sur le trône, il y porta toutes les vertus de l'honnête homme ; mais Dieu lui avait refusé le génie de la résolution, génie qui sauve les situations, quand les situations peuvent être sauvées.

Un trône suppose un point d'appui. Pendant les quinze ans de martyre que Louis XVI porta la couronne, il n'eut du roi que le titre. Entouré d'une noblesse licencieuse , d'une bourgeoisie endoctrinée par toutes les diatribes que les philosophes avaient semées pendant soixante ans ; étourdi du flot révolutionnaire qui murmurait dans les bas-fonds de la société , et venait expirer sur les marches du trône ; sans armée , sans finances ; circonvenu de toutes parts ; hésitant et trébuchant à chaque pas , incapable de faire le mal, plus incapable de faire le bien ; n'ayant pour toutes vertus dans son métier de roi que des vœux et des désirs ; sans cette énergie puissante d'une volonté absolue qui fait tout l'homme, roi ou guerrier ; Louis XVI manquant des conditions du pouvoir, c'est-à-dire du respect et de l'obéissance des peuples, et partant sans force, à la tête d'une société dissolue, devait, ou précipiter dans l'abîme cette société , ou périr lui-même au moindre souffle qu'apporterait la tempête révolutionnaire. Quand, le 21 janvier 1793, cet infortuné monarque porta sa tête sur l'échafaud, juges et bourreaux n'étaient que des scélérats logiques, appliquant froidement la doctrine qui avait tué la société. Si cette condamnation fut un crime contre les lois divines et humaines, dans l'ordre politique, il n'y eut cependant qu'un Français de moins pour les hommes de pénétration, à qui

Dieu révèle les lois morales d'un peu plus haut qu'au vulgaire. L'iniquité de ce crime était la plus haute expression révolutionnaire que la Convention pût trouver. Cette assemblée ne pouvait aller plus loin, à moins de décréter que la nation entière serait exécutée. La tête du roi Louis XVI était la clef de voûte de l'édifice politique. Quand la charrue révolutionnaire eut passé sur la société française, la besogne n'était point achevée. La couronne se trouvait dans les débris. C'était le trésor mystérieux que la Providence tenait en réserve pour les jours de miséricorde. La noblesse, émigrée, ne la trouva ni dans l'exil, ni sous les ruines amoncelées au pied de l'échafaud. La bourgeoisie, le peuple, remuèrent tant qu'ils purent les cendres du volcan. C'était une fée invisible. Un jeune capitaine, que les victoires, le génie et la volonté faisaient sortir de l'obscurité, frappe le sol de son épée. C'est le soc de la charrue qui frappe le trésor caché dans le sol. Il voit une couronne, il la met sur sa tête, qui se trouve assez forte pour la porter. Les uns murmurent tout bas qu'il prend un bien qui ne lui appartient pas; les autres obéissent, et tout est dit. Pendant seize ans, il la promène sur tous les points de l'Europe. Les monarques s'inclinent eux-mêmes devant cette jeune majesté. Soit respect, soit habitude ou prudence, ils lui cèdent le pas. Quand, fatigné de la victoire, Napoléon Ier jette sceptre et couronne dans les plaines de Waterloo, pour aller mourir au milieu de l'Atlantique, de vieux serviteurs du passé se précipitent au milieu de la mêlée, ramassent les guenilles impériales, et mettent cette friperie sur la tête d'une dynastie vieillie dans l'exil, usée dans l'adversité, qui la porte tant bien que mal pendant quinze ans, et se la laisse arracher dans un moment de défaillance. Dieu, qui se mêle des affaires humaines, laisse cette couronne pendant dix-huit ans sur la tête de celui qui l'avait prise. Elle tombe un matin dans la boue. La tempête révolutionnaire avait soufflé. La dynastie d'Orléans se sauve à l'étranger, laissant le sceptre, qu'elle avait porté un moment, comme si le remords eût forcé le chef de cette famille de rendre ce qu'il avait pris.

Quand la maison est vide, c'est le cas, ou jamais, pour le maître, de rentrer chez lui. La couronne de France était à terre après le 24 février. Tout le monde l'a vue, tout le monde l'a touchée. Le peuple lui-même l'a prise dans ses mains, l'a roulée à l'Hôtel-de-Ville. *Onze* monarques, ses favoris du moment, essaient de la soulever en son nom. Ils succombent sous le faix ; et cependant, l'un d'eux, de race royale par le génie, oublie sa divine origine, et jette sa lyre à la foule, qui écoute un moment ses nobles accents, et détourne la tête, en rugissant, du spectre sanglant que la révolution prépare en voulant relever l'échafaud sous le drapeau rouge. L'instinct révolutionnaire de M. de Lamartine n'a rien de comparable avec l'esprit révolutionnaire de ceux qui l'ont entouré dans les mauvais jours de 1848. Aristocrate par naissance, et plus encore par goût, M. de Lamartine n'a rien dans l'âme du génie destructeur, qui fait des véritables révolutionnaires des bêtes féroces. Il aime le luxe et la magnificence. A proprement parler, c'est plutôt un esprit mobile et changeant qu'une nature révolutionnaire. Il suit les caprices de son imagination. Génie supérieur, il plane toujours dans les airs. Son vol n'a pas le terre-à-terre de la vie. Il manque peut-être de la première qualité de l'homme d'État : la persistance dans la volonté, condition indispensable à quiconque prend les rênes du gouvernement. Grand seigneur, d'un abord facile et séduisant, d'une distinction de manières de souverain, s'il avait eu le véritable génie du gouvernement, il était maître de la France le 4 mai 1848. Il avait le pouvoir; il l'a perdu en deux heures. Or, en révolution, ce n'est pas avec des discours, même éloquents, qu'on prend et qu'on garde le pouvoir; c'est l'épée à la main.

Après le naufrage de ce brillant génie, deux assemblées populaires, nationales, tentent vainement de mettre à l'ancre le vaisseau de l'État. Sous la première de ces assemblées, un général, soldat heureux, que le hasard, ce dieu des idées révolutionnaires, jette dans le courant du pouvoir, se cramponne à tous les cordages; un coup de vent le précipite à la mer. Sous la seconde, la voix de l'exilé de Frohsdorff, les cris de l'orphelin de Claremont se perdent au sein de cette assemblée sans chef. Cependant elle compte les hommes d'État les plus habiles, les orateurs les plus éloquents. Ces citoyens illustres ne sont d'accord que sur un point, renverser ce qui est. Ils escomptent d'avance le prix de leurs services, espèrent un moment décisif pour dérober, par un coup d'audace, ce qu'ils ont perdu, les uns et les autres, par lâcheté de cœur et inintelligence. Tous sont vaincus en un moment. La voix d'un seul homme déclare un jour qu'il prend le pouvoir, ou plutôt qu'il le garde. La France entière, étonnée et frappée d'admiration, lui crie tout haut qu'elle le reconnaît et le salue pour son souverain. L'Europe s'incline devant cette volonté puissante et suit le mouvement de la France [1].

[1] L'auteur de cet écrit était en Italie quand la nouvelle de l'acte du 2 décembre y est arrivée. Les événements probables du mois

La position de Louis-Napoléon au mois de décembre 1851 était exactement la même que celle de Louis XVI sous la Constituante. Il n'y a point de milieu dans les situations révolutionnaires : vaincre ou être vaincu, écraser les meneurs ou monter sur l'échafaud, et pour le moins périr à petit feu dans une prison d'Etat, telle est l'alternative et le caractère dominant des révolutions modernes, en France ou en Angleterre.

Le Pouvoir n'existe qu'à la condition de se faire reconnaître. En se tenant systématiquement éloigné des affaires, le parti légitimiste, jadis si considérable, et toujours si recommandable à tant de titres, ne comprend-il pas qu'il s'éteint nécessairement? Ce n'est pas avec des regrets et des vœux stériles qu'un parti se maintient ou se relève, c'est par l'action qu'il manifeste sa puissance, sa force et son influence nationale.

Avant de descendre dans la tombe, M. de Chateaubriand, dont la voix fut une autorité et dont

de mai 1852 avaient rempli de terreur tout ce qui porte un cœur honnête en Italie. Le parti révolutionnaire, qui menaçait la péninsule d'un mouvement général, et qui l'attendait avec une impatience manifeste, s'est tenu à l'écart. Les sociétés secrètes qui travaillent ce pauvre pays en auraient bientôt fini, si l'armée française se retirait de Rome. Un des membres du Sacré-Collége, le cardinal L....., dont le nom est très connu à Paris, et une des meilleurs têtes de l'Europe, disait à un personnage éminent, qui m'a fait l'honneur de me le répéter pendant mon court séjour à Rome : « Louis-Napoléon a sauvé la civilisation en Europe. »

le nom est le symbole de la fidélité, disait dans ses Mémoires [1] : « L'erreur du parti républicain, l'illusion du parti légitimiste, sont l'une et l'autre déplorables et dépassent la démocratie et la royauté : le premier croit que la violence est le seul moyen de succès, et le second croit que le passé est le seul port de salut. »

A l'égard du parti républicain, la prophétie de l'immortel écrivain est déjà accomplie : enfoui sous ses propres décombres, le républicanisme n'est plus qu'à l'état latent; s'il reste encore çà et là quelques voix dispersées sur le sol européen, ce ne sont plus que des gémissements isolés, derniers soupirs d'une longue agonie.

Mais le parti légitimiste a-t-il conservé cette illusion du passé que, dans un moment d'amertume, le grand écrivain de la France semble lui reprocher avec cette douceur d'un ami qui vous quitte pour toujours et qui vous laisse en mourant un dernier gage d'une vieille et vive affection?

La fidélité au malheur ! Dieu me garde d'écrire un mot contre le petit-fils de Henri IV ! il représente un grand principe, le seul peut-être qui puisse sauver la France; mais la légitimité des pouvoirs humains est-elle éternelle dans certaines familles, suivant les décrets de la Providence? Où

___

[1] *Mémoires d'outre-tombe,* tome IX.

sont les Stuarts? où sont les Wasa? où sont les Bourbons de la branche ainée en Espagne, pour ne rappeler que des dates modernes? Rien n'est éternel dans le monde, ni les hommes, ni les dynasties ; il n'y a que Dieu qui puisse faire sortir les morts du tombeau. Quand nous voyons s'éteindre tous les êtres dans les règnes de la nature, par quel privilége les rois et les chefs des empires perpétueraient-ils, sur leur tête, un pouvoir que Dieu a imposé à certaines familles, pour un temps déterminé?

Il y a quelque chose de plus sacré que la fidélité à un prince, c'est l'amour de la patrie, le sentiment le plus noble et le plus saint après le culte de Dieu. Le parti légitimiste est-il changé, a-t-il conservé cette illusion dont parle Chateaubriand? Nous n'interrogeons pas, ce serait de l'impertinence, nous posons la question : l'avenir répondra.

Quand Dieu veut ramener un prince sur le trône, il déjoue admirablement les petites profondeurs des combinaisons humaines; de même, quand il permet à un prince de monter sur le trône, c'est qu'il veut qu'il règne, ou pour le châtiment des peuples, ou pour l'exemple des souverains. Il ne reste plus qu'à s'incliner quand sa volonté se révèle d'une manière aussi éclatante.

Le parti légitimiste est trop intelligent pour se

tromper sur l'acte du 2 décembre 1851. Son amour-propre n'a point à regretter un pouvoir qu'il n'avait pas. Entre les factions, qui menaçaient de l'engloutir, corps et biens et l'acte énergique qui lui tend une main amie en protégeant sa personne et ses châteaux, on ne saurait douter des sentiments d'un parti dont tout le passé fut la gloire de la France, et qui n'a qu'à maintenir le présent pour rester à la hauteur de son rang. Il lui suffit en effet de se rappeler la chute de Charles X. Ce souverain est tombé sous les factions. Cette révolution, qui n'était qu'une des conséquences de celle de 89, a trouvé le descendant de Louis XVI aussi faible et aussi incapable de dominer une grande situation, que l'avait été lui-même le malheureux monarque.

La famille d'Orléans n'a pu monter sur le trône qu'en se faisant révolutionnaire. Or, se faire révolutionnaire, puis vouloir gouverner des révolutions, est un rêve, quand ce n'est pas un crime. Si les philosophes et les révolutionnaires de toutes nuances avaient battu en brèche le trône de la branche aînée, était-il probable qu'ils soutiendraient le trône de la branche cadette? Il est même étonnant que Louis-Philippe ait pu régner dix-huit ans dans cette situation critique et fausse. Son système gouvernemental, qui semblait aux yeux des esprits superficiels devoir asseoir sa dynastie, était précisément la raison même de sa chute inévitable. Je n'entends attaquer ni la mémoire de ce prince, beaucoup plus généreux, je le reconnais, que ne l'avaient fait la haine et l'esprit de parti, ni les hommes de talent qui ont cru pouvoir, en conscience, lui prêter un concours dévoué. En constatant les faits, je respecte les intentions qui appartiennent au domaine de la conscience et qui ne relèvent pas du domaine du publiciste; mais n'est-ce pas un devoir d'indiquer les causes de nos malheurs, en signalant les conséquences fatales d'un régime qui a pesé si lourdement sur la France? Ce gouvernement n'a-t-il pas lui-même préparé la Révolution du 24 février et le bouleversement général de l'Europe, en semant, à pleines mains, le principe révolutionnaire et le matérialisme effrayant qui caractérise si visiblement la société française au milieu du xixe siècle?

Le gouvernement de Juillet n'a-t-il pas tenu les âmes en laisse, par ses restrictions systématiques en matière d'enseignement? n'a-t-il pas fait cette loi sur l'instruction primaire, qui remettait la direction de la jeunesse entre les mains d'instituteurs irréligieux? Quand, après le 24 février, le Ministre de l'instruction publique[1] élevait le sacer-

---

[1] M. Carnot.

doce des maîtres d'école jusqu'à vouloir en faire
une assemblée législative, une sorte de jury na-
tional, n'appliquait-il pas logiquement les principes posés par le gouvernement précédent? Où la
génération qui passe aurait-elle appris à respecter
le Pouvoir, n'ayant jamais appris qu'à la dérobée
à prier et à respecter Dieu? Les lois étaient révolutionnaires, et les esprits ne seraient pas révolutionnaires?

N'a-t-on pas vu le Conseil d'État lui-même,
dans les questions d'appel comme d'abus, s'ériger
en casuiste et morigéner publiquement des évêques
catholiques? C'est dans un corps dont le plus capable, en matière théologique et morale, ne serait
pas à la hauteur d'un curé de campagne, que vous
allez puiser les règles de conduite pour les matières
religieuses! Étrange aveuglement que celui de ces
hommes, qui ne voyaient dans le clergé qu'un instrument de police, qui les déchargeait du souci du
gouvernement des âmes! Les esprits les plus forts
ne rêvaient-ils pas une religion d'État, une religion nationale, espèce de gallicanisme dont le roi
aurait été probablement le pontife, comme la reine
d'Angleterre? N'était-on pas sur le point de faire
un grand aumônier de France, sorte de maréchal
général commandant l'armée ecclésiastique, sous
la direction du gouvernement lui-même? Quel

beau clergé que ce régiment d'évêques et de prêtres manœuvrant dans le champ spirituel, comme nos soldats au Champ-de-Mars, sous les ordres et la protection de leur seigneur et maître le Roi de France!

Le gouvernement déchu n'était pas seulement révolutionnaire dans son origine, il avait pour complices les deux premiers corps de l'État. La Chambre des Pairs, formée des débris de tous les régimes, comptait, nous le savons, de grandes illustrations dans son sein. Là siégeaient des hommes du premier mérite en tout genre, recommandables par le talent et la dignité du caractère. Cependant, altérée dans son principe, la noble chambre subit, à son insu peut-être, l'influence délétère de l'atmosphère révolutionnaire. Souvent la grandeur d'un corps politique tient à un principe unique, à un fait qui le relève dans le respect et les sympathies de l'opinion. Les dernières années lui enlevèrent le prestige qui faisait sa force; on commença à douter de la noble indépendance et de la grandeur morale d'un corps dont quelques membres avaient failli si ouvertement. Le peuple ne vit plus que des égaux dans ceux qu'il avait pu révérer comme des chefs, quand il s'aperçut qu'ils étaient sujets aux mêmes faiblesses et aux mêmes passions que lui.

3.

L'armée, la marine, n'étaient-elles pas profondément découragées en lisant les débats de la Chambre des Députés, d'une chambre qui, au nom du peuple et de la France entière, dont elle se prétendait le représentant légitime, marchandait un morceau de pain à la veuve d'un amiral ou d'un *Daumesnil,* le sauveur de Vincennes, quand cette même chambre puisait à pleines mains dans les trésors de la France pour élever la Colonne de Juillet, où tous les révolutionnaires ont trouvé cette espèce d'immortalité qu'accorde l'inscription d'un nom sur le bronze ou sur le marbre?.. Mais ces combattants avaient laissé des veuves, des orphelins; tous même n'avaient point trouvé la mort dans les phalanges de l'insurrection. Héros d'un jour, immortalisés par un coup de feu, lancé par une lucarne ou le soupirail d'une cave, ces Achilles émérites de nos bagnes jouissaient en paix d'une pension que sollicitaient en vain, après vingt ans de combats et d'actions d'éclat, ces vaillants soldats qui ont fait le tour de l'Europe et couvert la France de gloire. Nos vieux marins, qui ont défendu l'honneur du pavillon au péril de leurs jours, les uns estropiés, les autres sans ressources, végétaient tristement au fond de nos provinces ou dans les galetas de nos ports de mer, tandis que des misérables, enivrés d'un succès d'une heure, menaient joyeusement la vie, en attendant le moment de doubler leur capital par une nouvelle révolution. La Colonne Vendôme, l'Arc de Triomphe de la barrière de l'Etoile, ne sont que les trophées de nos victoires; la Colonne de Juillet est le *monument légal* de nos révolutions. La Révolution avait sa liste civile, sa légion de chevaliers, son chancelier. Les *croix de Juillet* et des pensions, voilà ce que le budget inscrivait d'office dans ses colonnes.

Et les théâtres! qui ne se rappelle ces pièces révolutionnaires où la démagogie tenait publiquement école sur les boulevards, au vu et au su du gouvernement? — Le roi Louis-Philippe était affligé de tous ces scandales; la piété de Marie-Amélie gémissait en secret sur cette situation. — Je le crois volontiers. Aussi, je le répète, je ne fais point le procès à la famille d'Orléans; je laisse en paix, dans le silence de la tombe, l'âme du vieux roi maintenant devant son juge naturel, et la reine Marie-Amélie à ses douleurs de femme et de mère. Mais, en constatant le caractère de ce gouvernement, qui devait fatalement se perdre et entraîner la France dans sa ruine, ne faut-il pas rappeler les faits pour en tirer les conséquences? S'il a répandu l'esprit révolutionnaire, n'a-t-il pas développé le matérialisme qui faisait des grandes villes, et de Paris surtout, le centre du plus honteux agiotage? La fièvre de la spéculation pouvait-elle durer encore plus longtemps? Le régime des actions, depuis les banques les plus modestes jusqu'aux tronçons de chemins de fer, n'avait-il pas épuisé toutes les fortunes, ruiné le peuple lui-même qui portait son dernier écu chez l'agent de change? La dette de l'État, le budget qui passait 1,600 millions, toutes ces applications des principes de l'économie politique moderne qui fait de l'homme une machine produisante, la tendance des esprits vers les spéculations de tous genres, était-ce une direction morale? Les intérêts matériels, voilà les instincts qu'on développait chez le peuple le plus généreux et le plus désintéressé de l'Europe!

Les plus hauts dignitaires donnaient eux-mêmes l'exemple de cette avidité qui eût absorbé un budget deux fois plus fort que le budget monstrueux qui devait se solder par une banqueroute. On avait inventé le *crédit ordinaire, extraordinaire, supplémentaire et complémentaire.* Quand la bourgeoisie, quoique riche des débris que le génie de la Révolution de 89 avait dispersés sur tous les points de la France, demandait la *réforme élec-*

torale, qui ne voit que la Révolution s'était affublée de ce nouveau nom? Le peuple des barricades de Février, poussé par des députés, exigeait
du vieux roi d'élargir le cercle de la liberté et des
faveurs. *Louis-Philippe* comprit parfaitement la
question ; il ne fit pas même ses paquets ; il laissait
32 millions de dettes qu'il avait contractées pour
assouvir cette implacable population de bouti-
quiers, qui eût vendu la couronne de France pour
en encaisser l'argent.

Ainsi placé, entre l'esprit révolutionnaire qui
l'avait salué roi, et l'école économique qui con-
duisait fatalement la France à sa ruine, le chef de
la maison d'Orléans fut impuissant pour satisfaire
aux exigences de la situation. Un peu plus tôt, un
peu plus tard, le dénouement était inévitable. Je
ne parle que des difficultés intérieures. Les autres maisons souveraines avaient toléré son gouvernement ; l'Angleterre, la première, qui aime
d'autant plus un gouvernement étranger qu'il est
détestable, l'avait accueilli et soutenu jusqu'au
moment où le Socialisme faisait son entrée dans
les BANQUETS, et préludait au triomphe qui l'attendait sur les pavés du 24 février 1848.

Il me semblait, ce jour-là, assister au 10 août
1792. Quoique complétement étranger à ce mouvement révolutionnaire, emporté par une sorte de

curiosité machinale, je suivis la multitude qui se portait dans les appartements des Tuileries. En montant l'escalier d'honneur qui conduit à la salle des Maréchaux, poussé par cette foule compacte dont les flots inondaient le palais, j'ai recueilli d'un homme du peuple ces mémorables paroles : « Il y a dix-sept ans, me dit cet homme, « nous *le* mettions sur le trône; nous l'en chas- « sons aujourd'hui. » Il n'y avait rien à répondre à une pareille logique.

J'ai vu la populace dans le palais de nos rois, brisant le trône. J'ai vu la bave écumante des ivrognes sur les canapés que le monarque avait pu fouler quelques heures auparavant. Profondément ému de ces funérailles de la royauté, j'oubliai la Révolution de 1830. J'avais besoin de plaindre un moment cette famille royale qui n'était coupable que du péché originel, et surtout ces jeunes princes qui ne devaient quitter l'épée que pour prendre le bâton du pèlerin, condamnés par la Providence à errer loin d'une patrie qu'ils avaient servie avec honneur et dévouement. Que de regrets, que de larmes, dans ce moment suprême où les illusions de la grandeur humaine disparaissent dans l'adversité! Ce trône en éclats, ces tableaux déchirés, cette salle des Maréchaux souillée des atteintes de la populace, ce palais que des forcenés voulaient incendier, les gloires de la France disparaissant au gré des passions d'une multitude égarée, tout cela me touchait vivement; j'étais tenté de m'écrier, comme le héros de l'*Énéide :*

Sunt lacrymæ rerum et mentem mortalia tangunt.

Sous l'empire de ces idées et de ces sentiments divers qui m'agitaient au milieu du délire révolutionnaire qui m'environnait de toutes parts, effrayé des destinées de cette pauvre France qui allait fatalement tomber entre les mains inexpérimentées des plus audacieux, ou peut-être des plus scélérats, je me demandai : « A qui désor« mais obéir? »

OBÉIR! OÙ EST LE POUVOIR?... Mes doutes, mes scrupules, revinrent m'assaillir comme dans les jours où, livré aux méditations que permet le silence du cabinet, je m'étais souvent posé ce problème. Secouant tous les préjugés que j'avais recueillis dans ma jeunesse, soit sur les bancs du collége, dans les livres ou le commerce de la vie, j'examinai si les idées qui courent ce monde, en matière d'autorité, étaient conformes à la Vérité. Frappé de deux révolutions que j'avais vues, l'une en 1830, l'autre qui se développait avec une effrayante rapidité sous mes yeux, toutes deux au nom de la Liberté, toutes deux par le peuple et pour le peuple, disaient tout haut les principaux acteurs, j'ai cherché avec patience et réflexion, dans les traditions de l'humanité, les titres du peuple, et je n'ai rien trouvé qui pût justifier le dogme de la souveraineté populaire.

J'avais pensé que le système constitutionnel, d'importation anglaise, me donnerait une solution satisfaisante. Ce régime, que des hommes d'un talent distingué appellent la souveraineté nationale, est moins logique que la souveraineté populaire; il ne trouve sa raison d'être, ni dans l'histoire ni dans le raisonnement. Le constitutionalisme et la délégation sont d'invention moderne.

Quant aux prétentions de l'aristocratie, elles constituent une oligarchie; rien de plus. Ce n'est pas encore le Pouvoir, quoiqu'il en soit plus près.

Voulant me rendre compte de l'ORIGINE et de la LÉGITIMITÉ du Pouvoir, j'ai étudié les faits et les écrivains qui ont traité ce sujet. Je crois avoir mis à nu l'inanité des doctrines de Montesquieu et de Rousseau en matière d'Autorité. M'appuyant sur le sens commun, l'histoire et la logique, c'est-à-dire les traditions, les faits et le raisonnement, je suis arrivé à la proposition fondamentale de mon travail : « LE POUVOIR SE PREND ET NE SE DONNE PAS. »

Quand, après seize ans de méditation, Descartes s'écriait, dans l'enthousiasme qu'inspire la découverte de ce que l'esprit croit être la vérité : « *Ego cogito, ergo sum*, je pense, donc je suis, » le célèbre philosophe affirmait, mais sans démonstration. En affirmant cette proposition : « *Le Pouvoir se prend et ne se donne pas*, » je crois l'avoir démontrée.

Si Dieu daigne bénir ce travail, j'ose espérer qu'il sera de quelque utilité. L'enseignement historique a pris un développement considérable. Les études philosophiques n'ont pas été exemptes d'erreurs graves. Une société n'abandonne pas impunément les principes sur lesquels elle repose. La société du xixᵉ siècle a recueilli et subit l'influence des idées sociales et politiques, semées dans le xviiiᵉ. En présence du drame qui se prolonge depuis soixante ans, et dont le dénouement n'est connu que de Dieu, est-il un esprit sérieux, est-il un gouvernement en Europe qui ne sente l'impérieuse nécessité d'imprimer une direction salutaire à l'éducation ? Tout est là.

> Principiis obsta; serò medicina paratur,
> Cum mala per longas invaluere moras.

a dit un ancien.

C'est dès l'enfance qu'il faut plier les jeunes intelligences aux vérités qui doivent les guider dans la vie; c'est dans la jeunesse qu'il faut semer pour affermir les pas des générations qui nous suivent dans la carrière. Les gouvernements, les sociétés, la famille, les individus n'ont d'avenir et de durée qu'à la condition de suivre les principes mêmes de leur développement, de leur conservation et de leur destinée.

Contribuer à rétablir l'Autorité en Europe, tel est le but de cet écrit. Il appartient aux hommes de conviction et de talent d'agrandir la voie que nous avons seulement indiquée. Les principes que nous posons sont puisés à l'étude même des faits. En rectifiant le droit public de l'Europe, consacré depuis des siècles, nous n'avons point la prétention de faire école. C'est en se plaçant hors des partis qu'on les domine. Nous avons cherché la vérité de bonne foi. La société n'est ni dans la passion ni dans les fictions; elle est dans les faits et les lois de la nature morale. C'est notre conviction et notre espérance. Si l'ordre matériel appartient à la force, l'ordre moral appartient à la pensée.

L'ordre reprend son empire en Europe. La France, sur laquelle semblent se guider tous les peuples du monde; la France est la source du bien et du mal, suivant la direction qu'elle suit. La Providence, qui tient ses trésors toujours cachés, se sert, quand il lui plaît, de voies inconnues et mystérieuses pour faire régner l'empire de la justice. L'ordre règne; le calme est dans la rue, l'espérance dans les cœurs. La paix est-elle dans les consciences? Le principe révolutionnaire est-il éteint en France? L'est-il en Europe? Parcourez la Suisse et l'Italie. Les germes qui se sont développés depuis quatre ans, les haines, les désirs secrets de vengeance sont-ils étouffés dans les âmes? Qui oserait le dire? L'Angleterre protestante ne souffle-t-elle plus le feu de la discorde en Europe? N'est-elle plus le centre où tous les révolutionnaires de l'univers trouvent asile et protection, ce qui serait humain et généreux, s'ils n'étaient manifestement soutenus et encouragés par les hommes d'État les plus considérables?

Qui ramènera les esprits? qui calmera les cœurs? qui donnera aux âmes cette paix intérieure, sans laquelle les nations comme les individus ne sauraient trouver le bonheur? Où est la force qui, seule, peut triompher des révolutions? L'armée! Oui, l'armée pourra vaincre une émeute, pourra triompher d'une insurrection; le gouvernement chassera les chefs, déportera les hommes les plus dangereux, et la révolution sera vaincue! Ainsi raisonnent les esprits sans pénétration. Ils voient la surface de l'eau que les vents n'agitent plus. C'est un calme plat. Ils s'imaginent qu'il n'y a ni gravier ni immondices dans les bas-fonds. C'est le calme qui précède la tempête. Le mal est plus profond. Un gouvernement fort est nécessaire; un gouvernement qui n'est que fort est insuffisant. *Nisi Dominus œdificaverit domum, in vanum laboraverunt qui œdificant eam.* Voilà le langage de la sagesse dans les Livres saints. Depuis cent ans, à pareille époque, la philosophie a chassé Dieu de toutes les parties de l'édifice social; elle l'a poursuivi sans relâche. Les gouvernements ont vainement lutté depuis le commencement de ce siècle pour diriger la société française. Tous ont échoué; Consulat, Empire, Restauration, dynastie des Orléans, République; tous, sans exception, par des causes diverses, ont fait naufrage. Il ne suffit pas, en effet, de s'embarquer au port sur un vaisseau pour arriver sur la rive opposée. Si la main de Dieu ne guide le vaisseau à travers les flots et les tempêtes, quelle puissance le sauvera? La société est malade, atteinte de cette longue maladie que le temps seul peut guérir. Faites disparaître les causes, les effets disparaîtront. Les âmes ont été perverties par la lecture de livres infâmes. Proscrivez sans pitié tout ce qui touche au dogme et à la morale. Une nation qui n'a point de mœurs est perdue. Le cœur altère l'intelligence quand il est dépravé, et l'intelligence corrompt le cœur quand elle est pervertie. La liberté n'est pas la licence. Un gouvernement qui se laisse insulter tous les matins, une loi qui permet au premier insensé venu d'écrire impunément toutes les rêveries d'un cerveau en délire, n'est ni un gouvernement ni une loi ; c'est la révolution régulièrement organisée, ou le despotisme couvrant d'un voile hypocrite, comme en Angleterre, l'exploitation de plusieurs millions d'hommes par quelques milliers de familles formant un vaste corps, espèce de fédération aristocratique, taillant, coupant en plein drap sur cette foule errante, condamnée à la glèbe de père en fils ; race dont on fait des soldats, des marins, des cultivateurs, des ouvriers; race qui ne diffère, aux yeux de ces maîtres hautains et impitoyables, des animaux domestiques que par la forme et un reflet d'intelligence, qui les élève peut-être un peu plus haut dans la création qu'un chien ou un cheval de luxe.

De tous les gouvernements modernes, le gouvernement anglais et le gouvernement américain sont les plus immoraux : c'est la liberté de la presse, dans le discours, à la tribune, et, par un raffinement égoïste et puritain d'hypocrisie, c'est le despotisme dans la pratique. J'estime plus et j'aime mieux un gouvernement franchement absolu, comme la Russie ou les États napolitains, que cette drogue de libéralisme américain qu'on attache au cou du peuple, en tenant la chaîne d'une main et le bâton de l'autre.

En examinant les théories et les principes des divers partis, nous avons trouvé trois écoles ou systèmes représentés par des hommes considérables.

La souveraineté du peuple, ou l'école franchement révolutionnaire, dont Rousseau est le plus grand interprète dans le xviiᵉ siècle. Dans ces derniers temps, deux talents hors ligne, M. de Lamennais et M. de Lamartine, ont popularisé par leurs écrits ces doctrines dangereuses. Le pouvoir n'est pas là. Nous ne parlons pas de ces nombreux sectaires, de cette horde de révolutionnaires, hommes d'action avant tout, dont la vie n'est qu'une longue et criminelle agitation. A peine si leur nom est sorti de ces antres obscurs où ils conspirent.

La seconde école, qu'on a appelée *doctrinaire*, mot que nous répétons sans y attacher rien d'offensant pour les hommes de talent qui la représentent, nous paraît être également dans l'erreur. Dans le siècle dernier, Montesquieu est le chef de cette école. Dans ce siècle, MM. Guizot, Thiers, Rossi, de Sismondi, Augustin Thierry en sont les plus grands représentants. Nous avons entendu M. Rossi à la Faculté de Droit de Paris développer avec un talent supérieur les théories constitutionnelles. Nous l'avons admiré sans accepter toutes ses doctrines ; mais nous n'avons pu voir, sans une profonde émotion, le 28 mai dernier, la pierre où il a expiré sous le poignard d'un assassin, à la Chancellerie romaine. Quand un peuple reste immobile et indifférent devant un pareil crime, il est jugé. Accepter la complicité des monstres, c'est se montrer indigne de la liberté et légitimer la domination étrangère.

Vient enfin l'école qu'on désigne sous le nom d'École théocratique. MM. de Maistre (Joseph) et de Bonald l'ont élevée à une hauteur incomparable, l'un à la fin du siècle dernier, l'autre au commencement de celui-ci. Des écrivains légitimistes d'un mérite considérable, à la tête desquels il faut placer M. de Châteaubriand, ont voulu adoucir les tons fortement accentués de ces théories sévères, qui n'admettent ni tempérament ni milieu dans les principes et les conséquences.

La théorie de la légitimité, dans un sens absolu, est le contrepied de la théorie révolutionnaire. C'est de part et d'autre un gouvernement *à priori*. Ces sortes de gouvernements n'ont jamais existé en fait. Or, il faut bien considérer le pouvoir en fait, comme la famille, comme l'humanité, comme l'individu, car le fait est inséparable du principe.

En présence des grands noms que je viens de rappeler, ce n'est qu'en tremblant que je publie ce travail. S'il a quelque mérite et surtout quelque utilité, il le devra à la nature même du sujet, sujet immense dans son principe et ses conséquences ; sujet qui demanderait, pour être traité dignement, la plume de Tacite ou le génie de Bossuet.

Il ne sera pas difficile de voir, en parcourant cet écrit, que je me suis placé au point de vue catholique. C'est la montagne sainte où l'horizon se développe avec une merveilleuse clarté. En dehors de cette doctrine, il n'y a qu'erreur et mensonge. L'orgueil de l'homme parcourt en vain le domaine de la science et de l'intelligence, il trébuche à chaque pas. C'est surtout dans les révolutions que l'homme est petit !

Ne sommes-nous plus en révolution ?... La révolution creuse son lit sous terre ; elle ruine l'édifice social avec une patience effrayante, semblable à ces fleuves qui, avant de pénétrer dans la mer, creusent leur lit dans les déserts, et ne reparaissent, au delà des montagnes, que plus impétueux et plus violents. La révolution s'est cachée dans les ténèbres de la *philosophie* ; plus tard elle s'enveloppe du manteau du *libéralisme* ; elle éclate sous le nom de *Charte* en 1830, encore pour reparaître avec le drapeau de la *Réforme* en 1848 ; elle s'appelle *Socialisme* dans les journées de juin : nom qu'elle porte avec orgueil, sauf à le laisser un moment s'il entrave ses progrès. Mais suivez-la dans sa marche : « *Vires acquirit eundo.* » De la cité, elle passe aux chaumières. Tantôt, humble et modeste, elle assiste aux causeries du foyer domestique ; tantôt elle pose en docteur dans les lieux publics, où réunis, les jours de fête, le soir après le travail, l'ouvrier, le cultivateur, viennent chercher un peu de repos. Si l'autorité l'inquiète dans sa marche, souple comme le serpent, elle plie bagage, se contente d'étaler d'obscènes gravures pour accoutumer l'œil inexercé de ses victimes de prédilection aux turpitudes morales qui étouffent les instincts généreux. Chassée de toutes parts, c'est dans les ténèbres de la nuit, dans le silence des bois et des cavernes isolées qu'elle tient ses assises, discutant ses plans, méditant à l'avance ses moyens d'exécution ; mais toujours aux aguets, nuit et jour épiant les soupirs et les pulsations de cette société qu'elle couvre sur tous les points de l'Europe. Rien ne lui manque. Dans les rangs élevés, elle s'applle Franc-Maçonnerie. C'est par là qu'elle descend du patricien à l'homme du peuple. Ailleurs, elle est philanthrope. Ici, c'est le SECOURS MUTUEL ; là, la société secrète. En Italie, c'est le *Carbonarisme ;* en France, c'est la *Vente.* Véritable caméléon, elle emprunte toutes les formes, toutes les couleurs, tous les drapeaux. C'est la bête de l'Apocalypse. Elle parle toutes les langues. Queue et tête à la fois, les milliers de tronçons de ce monstre s'agitent en tous sens, semblent se multiplier et renaître à la vie à mesure que le pouvoir le poursuit, le frappe et croit l'avoir vaincu. Elle a usé et renversé tous les trônes. C'est la justice de Dieu qui exerce ses vengeances. Les princes de la terre n'ont-ils pas appris aux peuples à briser l'autorité des pontifes? N'ont-ils pas enseigné à dépouiller l'Église du Fils de l'homme? Aussi voyez ses efforts; avec quelle puissance, avec quelle persévérance elle visite tous les empires du monde! C'est en Angleterre, c'est en Allemagne, c'est dans les États du Nord qu'elle exerce ses premiers ravages. C'est en Allemagne que le protestantisme prend naissance. C'est en Allemagne que sont les grands maîtres du socialisme. C'est en Suisse que Calvin triomphe; c'est en Suisse que se réfugient avec une complaisance marquée les réformateurs du XIXe siècle. Le panthéisme, le matérialisme recueillent la succession du fougueux Calvin. La patrie de Voltaire n'a point atteint le terme que la révolution médite; la Révolution de 93 n'a pas achevé sa conquête. C'est le monde entier qu'il lui faut. La Hongrie, l'Italie septentrionale, l'Italie centrale sont à la merci des révolutionaires. La Belgique et la Hollande, resserrées au Nord entre la ligne du Rhin, le souffle destructeur de l'Angleterre et le génie révolutionnaire de la France, n'ont échappé que par miracle à la secousse de 1848. Moins heureux, le Portugal n'a pu résister à la contagion britannique. Allez où vous voudrez, passez l'Atlantique, vous trouverez la révolution à la porte de tous les gouvernements. La révolution est dans l'air. Elle n'a qu'un but, un but unique, l'anéantissement de la société, la destruction, non-seulement de toute autorité, mais de la *notion même de toute autorité*. Or, ce n'est pas avec des armées et des gendarmes qu'on détruit *l'esprit révolutionnaire :* on peut emprisonner, exiler, fusiller des révolutionnaires; mais en eussiez-vous chargé vos vaisseaux, rempli vos prisons, détruit des centaines de milliers, ce serait à recommencer le lendemain.

Ce ne sont pas les corps qu'il faut exiler, emprisonner, fusiller; ce sont les âmes qu'il faut guérir, ce sont les cœurs qu'il faut calmer, ce sont les esprits qu'il faut éclairer. C'est la société morale qu'il faut changer. Là est le remède unique, et pas ailleurs.

Qui guérira les âmes, si ce n'est l'ardente charité de l'Évangile? Qui calmera les cœurs, si ce n'est l'esprit de justice de la morale du christianisme? Qui éclairera les esprits, si ce n'est la vérité lumineuse telle que le Christ l'a enseignée aux hommes? Voyez la profondeur du mal! après les journées de juin 1848, la société, à deux doigts de sa perte, demandait à tous ses enfants de la sauver. Quel moyen de salut fut découvert? Qui ne se rappelle ces opuscules répandus dans les masses? N'a-t-on pas vu des membres de l'Institut, consultés par le général qui occupait le Pouvoir en passant, faire réimprimer la *Profession de Foi du Vicaire savoyard?* La *Profession de Foi du Vicaire savoyard* pour régénérer un peuple!... Quand des hommes à cheveux blancs tombent dans cette enfance intellectuelle, que peut-on espérer de cette génération condamnée à une pareille lecture sans avoir le discernement suffisant pour rejeter le poison qu'une main perfide et exercée verse dans sa coupe? N'a-t-on pas vu une Commission, considérable par le nombre et par les noms, annoncer à la France entière qu'elle ouvrait une souscription pour répandre des doctrines salutaires dans les masses, et dissiper des centaines de mille francs, ainsi recueillis, dans des brigues électorales? Vous vouliez sauver la société, dites-vous, et vous mettiez toute votre intelligence, toute votre activité à la jouer et à la faire servir à votre ambition personnelle! Hommes habiles qui rêviez le pouvoir, politiques profonds! Dieu vous a frappés de sa justice, et la justice de Dieu est comme la foudre : elle tue ceux qu'elle atteint. Partisans des faits accomplis, courbez la tête et bénissez la main qui vous frappe.

Depuis soixante ans que la France fabrique des lois dans les vastes ateliers où le génie révolutionnaire avait sa tribune, qu'a-t-on fait ? Qu'ont fait les assemblées législatives pour ce peuple que les partis ont flatté tour-à-tour, et qui les a brisés tour-à-tour? Des lois! Des lois contre la révolution! qui les a exécutées ? L'Empire avait ses lois, et il est tombé. Il avait vaincu l'Europe : il avait vaincu *la révolution dans la rue* ; mais il n'avait pas vaincu *l'esprit révolutionnaire.* D'autres causes ont pu contribuer à sa chute : l'Angleterre a plus fait en soulevant les vieux jacobins sur les bancs du Sénat que la bataille de Waterloo[1]. La Restauration a eu ses lois, celles de l'Empire contre la révolution,

---

[1] *Ce n'est pas la coalition qui m'a détruit*, disait Napoléon en partant pour l'île d'Elbe, CE SONT LES IDÉES LIBÉRALES. L'Empereur avait raison. Nous savons ce qu'il faut entendre par *idées libérales.* Les trente-cinq années qui précèdent le règne actuel dispensent de tout commentaire.

4.

et la révolution l'a brisée. Louis-Philippe avait les lois de l'Empire, les lois de la Restauration, ses *lois de septembre*, ses fortifications, la plus vaillante armée de l'Europe : Louis-Philippe est tombé sous les coups de la révolution ! La République a été emportée par le torrent de la révolution. Louis-Napoléon l'a vaincue sur tous les points de la France et même de l'Europe. Au moment où j'écris ces lignes, elle n'est domptée nulle part. Elle reparaît dans les journaux, dans les livres, dans les salons, dans les feuilles étrangères, stipendiées par les ennemis de la France et de la société. Peut-être les académies, elles-mêmes, en font elles sans le savoir ! Elle est si profondément enracinée dans les mœurs, dans les habitudes, que je n'oserais pas affirmer que la magistrature, si recommandable d'ailleurs, ne conserve à son insu, par une sorte de tradition innée et presque héréditaire, la prétention de donner des leçons aux Rois et aux chefs des Empires. Comment en serait-il autrement, quand l'enfant apprend dans la famille la stratégie de la résistance à l'autorité paternelle, et puise sur les bancs d'un grand nombre de maisons d'éducation l'instinct révolutionnaire ? Vouloir qu'au sortir des écoles, le jeune homme se montre soumis aux lois de son pays et reconnaisse une autorité souveraine, n'est ce pas lui demander d'abandonner subitement les premières notions de son enfance, les sentiments et les idées de sa vie entière ? L'homme n'est pas ainsi fait ; si la jeunesse n'est que le développement de l'enfance, l'âge mûr est-il autre chose qu'une jeunesse prolongée ? Et la vieillesse, qu'est-elle ? souvent une jeunesse décrépite, un avortement de la vie, un je ne sais quoi qui n'a plus de nom, tant les passions ont sillonné ces natures étiolées, qu'on recouvre d'un peu de terre quand Dieu a éteint le dernier souffle qui les animait. Là règne l'égalité. C'est l'égalité de la mort.

Vainement l'orgueil de l'homme élève de magnifiques tombeaux aux grandeurs humaines. Vainement il couvre d'inscriptions pompeuses les noms illustres que notre faiblesse honore ici-bas. Le temps et l'indifférence effacent promptement ces marques fragiles d'une gloire périssable.

Quand on sort de Rome par la porte Saint-Sébastien, on trouve sur la droite de la voie Appienne, à deux milles et demi, la basilique de ce nom. L'église Saint-Sébastien est bâtie sur des tombeaux. Ce sont les Catacombes, où quatorze papes et cent soixante-dix mille martyrs dorment confondus dans de sombres corridors souterrains, qu'éclaire seulement la lueur blafarde de la torche du moine qui vous accompagne. Rien ne trouble le voyageur dans cette visite à la Mort. De temps à autre, l'écho répète dans les ténèbres le bruit de vos pas; mais partout le silence solennel des tombeaux. Les cent soixante-dix mille martyrs que recouvrent ces galeries attendent depuis des siècles que le Maître du monde les appelle à ce jour suprême où l'esclave et le maître auront à répondre, l'un de sa puissance, l'autre de sa servitude.

J'ai salué le tombeau des Scipions. Non loin de là, dans un vignoble voisin, reposent, dans leurs modestes *columbaria*, des esclaves du temps d'Auguste et de Tibère. J'ai touché la terre où gisent les martyrs. J'ai touché le stuc qui renferme les cendres du vainqueur des Carthaginois. J'ai touché les urnes funéraires où sont les restes des esclaves. Je n'ai senti dans ces lieux divers, que la mort a choisis pour sa demeure, que le suintement d'une terre humide ou le froid glacial du marbre. L'esclave et le maître, le païen et le chrétien dorment en paix dans une profonde égalité. En rentrant dans Rome, dans cette Rome ancienne où sont étendus çà et là les derniers débris de son antique grandeur, je traversai le Colisée pour contempler une dernière fois ce monument où les cris des martyrs s'élevaient à Dieu dans les jeux sanglants qu'un Néron ou un Domitien donnait au peuple romain. C'était le 27 mai 1832; la lune projetait ses premiers rayons sur cet amphithéâtre où jadis cent mille spectateurs venaient se repaître de la mort des chrétiens. On n'entendait, dans ces lieux désormais solitaires, que le pas monotone de la sentinelle française qui montait la garde à l'une des principales entrées du monument. Les ombres que venait éclairer, à travers les nuages, le reflet de la lumière un peu pâle de la lune semblaient animer cette enceinte. On eût dit les martyrs sortant du tombeau et saluant le Christ sur le Calvaire élevé au milieu du Colisée par la piété du pape Clément X. Le Christ a vaincu les conquérants de l'ancien monde. Le sang des martyrs a fécondé la civilisation. La Papauté a recueilli l'héritage des Césars.

Le lendemain 28, je fus admis à l'honneur insigne de baiser les pieds du Saint-Père. Encore tout ému de la bonté angélique de ce glorieux martyr des révolutions, je me disais en sortant du Vatican, les yeux tournés vers Saint-Pierre : Là sont les destinées de l'humanité! Là est la grandeur de l'homme! Catholicisme ou paganisme; Saint-Pierre ou le Colisée; la liberté ou l'esclavage; la civilisation ou la barbarie; la révolution ou Dieu. Il faut choisir. Or, la révolution, c'est la mort de la société; Dieu, c'est l'autorité et la liberté.

Clamart-sous-Meudon (Seine), Villa Barthélemy,
Septembre 1852,

DU POUVOIR.

Non est potestas nisi a Deo.
Tout pouvoir vient de Dieu.
(S. PAUL, *ad. Rom.*, ch. 13,
v. 1.)

Les temps de révolution sont la pierre de touche des idées morales et des caractères. Les esprits, frappés d'une sorte de vertige, cherchent la vérité avec une sorte de fureur, plus capable d'en obscurcir les rayons que d'en découvrir la route. Ce n'est point avec ce calme serein, cette raison élevée qui vient d'en haut, qu'on essaie de pénétrer les principes sur lesquels Dieu fait reposer le bonheur des nations et des individus. Or, cette confusion étrange qui nous empêche de distinguer nettement la route que nous devons suivre, amène inévitablement l'altération des idées et, par suite, ces bouleversements violents qui mettent la société en péril. Il importe donc d'étudier et de connaître les principes mêmes qui sont la condition fondamentale de la vie sociale; il n'en est point de plus important que le principe du Pouvoir ou Autorité, deux mots qui disent la même chose, qui expriment le même fait.

Cette notion, que l'homme n'a point inventée, cette idée simple qui représente le règne de la Justice sur la terre, est comprise au simple énoncé du mot, aussi clairement, aussi nettement du dernier paysan que du plus grand publiciste.

Mais cette idée si vraie, si juste, si simple dans son essence et dans sa nature, est cependant complexe dans ses applications. Pour la suivre dans son développement, il faut la considérer au point de vue pratique. Toute idée qui n'est pas susceptible d'une application générale ou particulière, n'est point une idée morale : ce n'est plus qu'une utopie. La morale et la vérité sont essentiellement pratiques; c'est la boussole que Dieu a donnée à l'homme pour traverser la vie, et gagner le port avec sécurité.

Les mots Pouvoir ou Autorité représenteront, dans la suite de ce travail, la même idée, le même fait. Le même fait, car le Pouvoir est un fait; c'est la traduction exacte de la justice humaine. C'est, à proprement parler, la Justice Humaine en action. Si le Pouvoir est un principe à un certain point de vue,—et il l'est,—ce n'est cependant pas une abstraction philosophique, sans corps, sans âme, comme l'ont conçu, rêvé, et même écrit certains utopistes dont quelques principes seront discutés dans cet essai.

Les idées fausses répandues en matière de Pouvoir ou d'Autorité touchent à la famille et à l'organisation de la société.

Suivant les uns, le Pouvoir vient d'en Haut; suivant les autres, il vient d'en Bas. Une troisième espèce, qu'il est difficile de classer parmi les penseurs, espèce renouvelée au sein de nos dernières révolutions, car elle a des ancêtres, conteste même la nécessité de toute Autorité,

L'école moderne, je parle des plus nombreux, affirme que l'Autorité et la Liberté ne pouvant exister simultanément, il faut que l'une ou l'autre disparaisse du monde politique et social.

Or, il est permis, malgré la divergence de ces opinions, d'affirmer, sous réserve de démonstration, les propositions suivantes :

Le Pouvoir existe dans l'ordre social et politique, parce qu'il résulte de la nature même des choses.

Expression de la nécessité, il repose sur le devoir.

Dans l'ordre politique, le génie, la naissance, et plus rarement la fortune, donnent le Pouvoir.

Dans l'ordre social, la vertu ou la fortune sont les sources ordinaires du Pouvoir.

Le respect, l'obéissance sont ses attributs.

L'unité est de son essence.

La force est la condition de sa durée.

La justice est sa fin et sa légitimité.

D'où il suit que la justice implique la liberté;

Que tout Pouvoir, quelle qu'en soit la forme, vient de Dieu ;]

Et que, enfin,

LE POUVOIR SE PREND ET NE SE DONNE PAS.

I

Pour comprendre la nécessité du Pouvoir, il suffit de pénétrer la conscience du genre humain. Demandez au plus humble cultivateur de France s'il croit à la nécessité du Pouvoir ou de l'Autorité; son regard étonné vous dira clairement qu'il doute du sérieux de votre question. L'homme du peuple, même parmi les nations peu civilisées, a-t-il à se plaindre de la violence ou de l'injustice d'un étranger, d'un parent, d'un ami? il essaiera de se faire justice lui-même; s'il ne le peut, il se placera sous le patronage d'un homme plus puissant, plus fort, ou sous la protection directe de la loi, quand il vit dans un pays où la justice offre quelques garanties à ceux qui invoquent ses arrêts.

La justice, il est vrai, quand elle sort de la

main des hommes, n'est pas infaillible ; elle n'est que la justice précurseur de la justice divine, dernière sanction de toutes les actions humaines.

L'école du dernier siècle, représentée par J.-J. Rousseau et Montesquieu, a singulièrement altéré le sens moral qui s'attache à l'idée de Pouvoir.

Rousseau, dans son *Contrat social*, entasse les paradoxes avec une étonnante audace. On ne sait ce qui frappe le plus de son ignorance ou de sa témérité. Étranger à toute idée gouvernementale, étranger à toute idée morale, le philosophe de Genève s'est imaginé qu'un jour les hommes des premiers âges du monde s'étaient réunis au lever du soleil, par une belle matinée de printemps, et qu'ils s'étaient dit : « Il faut nous réunir, vivre ensemble, sous les mêmes lois et sous le même chef. Nous ferons un Code, pour fixer les conditions de la famille et de la société. Tous ceux qui voudront vivre en société, seront soumis à ces lois. Nous mettrons en commun nos biens sociaux, notre liberté et notre égalité. Sacrifions notre indépendance naturelle pour sauver notre vie et tous les avantages d'une protection né-cessaire. »

Montesquieu avait dit, avant Rousseau : « Avant toutes ces lois (les lois civiles et politiques), sont celles de la nature, ainsi nommées parce qu'elles

dérivent uniquement de la constitution de notre
être. Pour les connaître bien, il faut considérer
un homme avant l'établissement des sociétés. Les
lois de la nature seront celles qu'il recevrait dans
un pareil état [1].»

C'est du sein de ces doctrines erronées qu'est
sortie tout entière la révolution de 89 et les excès
qui l'ont couverte de sang.

Les sociétés humaines ne sont pas plus le fait
de l'homme que le Pouvoir.

Il ne dépend pas du père de famille de ne pas
avoir à gouverner ses enfants. Il est le chef légitime, il est le maître naturel de la famille. La
femme lui est soumise à cause de sa faiblesse, et
ses enfants lui doivent obéissance, à cause de la
dépendance. Il n'est pas donné à l'enfant de vivre
indépendant; comme être créé, il relève de Dieu,
à qui il doit hommage et obéissance.

Comme être social, il relève du père, à qui il
doit également respect et obéissance.

L'état de société est donc son état naturel. Trop
faible dans l'enfance pour pourvoir à ses besoins,
il vit forcément sous la dépendance de la mère,
dont les premiers soins sont indispensables à son
existence. Arrivé à l'âge de maturité, il ne peut se
développer et se conserver comme espèce qu'en

---

[1] *Esprit des Lois,* ch. 2, Des Lois de la nature.

vivant dans les lois du mariage. L'assimilation de l'homme à la brute ne serait qu'une honteuse et dépravante promiscuité; l'espèce s'anéantirait peu à peu, indépendamment de la partie morale, qui fait l'homme seul. Que deviendrait l'intelligence en dehors des lois sociales? Qui conserverait le grand dépôt des idées sociales qu'on appelle la tradition du genre humain? Où l'homme a-t-il puisé ces idées? en est-il l'auteur?

Essayez, l'histoire à la main, de pénétrer le mystère admirable des sociétés humaines! Quand se sont-elles formées? à quelle heure? Quel jour, dans quelle année les hommes se sont-ils dit : Nous nous appellerons Mèdes, Perses, Égyptiens, Grecs, Hébreux ou Romains, Anglais, Français ou Allemands? Quand les peuples ont-ils fait un *contrat?* N'est-ce pas en s'unissant lentement, successivement, que des populations ont passé dé l'état de tribus obscures, nomades, à cette fixité régulière que donne le développement des idées morales, et dont le règne constitue cette brillante culture que nous ont léguée les républiques grecque et romaine, et cette civilisation que le christianisme poursuit dans le monde entier?

Ce qu'on appelle liberté, indépendance naturelle dans l'école du xviii° siècle, est donc tout simplement une absurdité. Dieu, il est vrai, a bien donné à l'homme la liberté, mais l'indépendance, jamais! par l'excellente raison qu'il ne le peut pas.

Est-ce que Dieu peut faire que l'homme ne soit pas sa créature? Est-ce que Dieu peut faire que l'enfant ne relève pas du père, comme l'effet procède de la cause?

De là la légitimité du pouvoir paternel. Or, cette légitimité procède de la nature même des êtres. En morale, rien n'est indifférent. Toute idée morale est une loi divine, qu'il n'est pas permis d'enfreindre. Cette loi suprême de la création, promulguée pour la conservation des êtres, a échappé à Rousseau, qui ne l'a même pas pressentie.

Il veut bien convenir cependant que « la plus ancienne de toutes les sociétés, et la seule natu- « relle, est celle de la famille. » Mais comme l'aveu pourrait le compromettre, il se hâte d'ajouter : « Encore les enfants ne restent-ils liés au père « qu'aussi longtemps qu'ils ont besoin de lui pour « se conserver. Les enfants exempts de l'obéis- « sance qu'ils devaient au père, et le père exempt « des soins qu'il devait aux enfants, rentrent tous « également dans l'indépendance. S'ils continuent « de rester unis, ce n'est plus naturellement, c'est « volontairement, et la famille elle-même ne se « maintient que par convention[1] . »

[1] *Contrat social*, liv. 1, ch. 2.

Ce qui veut dire, au fond : Quand les enfants sont grands, leur père est à leurs yeux comme un étranger. Ils ne lui doivent pas plus de respect, car ils ne lui doivent plus d'obéissance. *Ils en sont exempts*, dit Rousseau. Le père tombe dans l'indigence ; il frappe à la porte de son fils ; comme le lien naturel est dissous, le fils de Rousseau dira :

« Mon père, les temps sont durs, adressez-vous
« à meilleure enseigne ; je ne puis rien pour vous.
« Vous m'avez élevé, il est vrai, parce que la na-
« ture vous y obligeait ; mais moi, la nature ne
« m'oblige pas. Sans doute, nous aurions pu faire
« une convention de soins et d'affection réci-
« proques ; dans ce cas, je pourrais vous de-
« voir obéissance, reconnaissance et respect ;
« mais comme je m'en rapporte à ma volonté, et
« qu'il ne saurait me convenir de me priver de
« mon aisance et même de mes plaisirs pour ve-
« nir à votre secours, ne trouvez pas mauvais que
« je ne fasse pas une telle convention. »

Eh bien ! cette morale atroce, dégradante, Dieu a permis que Rousseau la pratiquât lui-même. Ce philanthrope mettait ses enfants à l'hôpital ; probablement qu'il n'avait pas de pain à leur donner, ou que, conséquent avec les maximes de son *Émile,* il ne voulut pas expérimenter en personne sur ses propres enfants les principes d'*éducation*

qui devaient régénérer le genre humain. La mère
de ses enfants ne fut qu'une femelle et non une
femme! Voilà la famille de Rousseau!

Les disciples ont égalé le maître. Saint-Simon,
Fourier, les Phalanstériens du siècle, les descendants de Babeuf, qui aspirent à refaire la société,
se sont mis à l'œuvre de la démolition du vieux
monde. Où auraient-ils puisé les notions fonda-
mentales de la société qui repose tout entière sur
les lois de la nature, c'est-à-dire la pratique des
devoirs qui sont imposés à toutes les intelligences
par Dieu même?

Montesquieu n'est ni moins explicite ni moins
monstrueux dans ses théories. Reprenons sa proposition : « Pour les bien connaître (les lois de la so-
« ciété), il faut considérer un homme avant l'éta-
« blissement des sociétés; les lois de la nature sont
« celles qu'il recevrait dans un pareil état [1]. » Où
Montesquieu a-t-il jamais vu l'homme dans ce qu'il
appelle l'état de nature? Est-ce le sauvage qui fut
trouvé dans les forêts du Hanovre, et que l'on vit en
Angleterre sous Georges Ier? C'est sur ce fait que ce
publiciste semble s'appuyer pour justifier sa théorie. Avec plus de justesse d'esprit et une connais-
sance plus approfondie des sociétés primitives,
Montesquieu aurait vu dans ce fait même la dé-

---

[1] *Esprit des Lois,* liv. I, ch. 2.

monstration irréfutable de cette proposition : « La société est l'état naturel de l'homme. » Comme Rousseau, l'auteur de l'*Esprit des Lois* semble confondre la nature physique et la nature morale de l'homme. Physiologiquement, l'homme ne diffère en rien des autres animaux : soumis aux mêmes besoins, exposé plus qu'eux à toutes les maladies de l'intempérance, il se développe, se perpétue, se conserve et finit de la même manière. Mais l'âme humaine est soumise à des lois invariables. L'enfant jeté au milieu d'un bois, ou élevé dans une cage, sans communication aucune avec ses semblables, serait l'homme dans l'état de nature de Rousseau et de Montesquieu : sans idées, sans langage, qui est le signe des idées, incapable de communiquer ses sensations, il ne jetterait que des cris articulés comme ceux du singe ou des autres animaux.

Sans doute la nature a doué l'homme d'organes plus souples, plus flexibles; elle lui a donné l'aptitude pour recevoir des choses inséparables : l'idée et le signe. Elle n'a point donné à l'homme une langue toute faite [1]; un Anglais, un Français ou un Italien, ne parlent anglais, français ou italien, que parce qu'ils ont appris, reçu les signes

---

[1] Excepté au premier homme. Comment expliquer le langage, si Dieu lui-même ne l'a pas révélé à sa créature?

de ces langues en même temps que les noms et les idées. En un mot, l'instruction ou le développement moral est une semence qui a besoin d'un sol : ce sol est l'âme humaine.

Dieu a donné à l'homme les idées et le langage, c'est-à-dire la faculté de concevoir et d'exprimer ses sensations. Et, afin de le rappeler constamment à sa divine origine, il ne lui a pas permis de sortir des voies qu'il a tracées à l'humanité. La famille est donc le berceau où il naît, se développe, se reproduit et se conserve. Mais la famille, qu'est-ce autre chose que le germe de la société, si ce n'est la société elle-même, son essence et sa forme primitive! forme indélébile, en dehors de laquelle il n'y a plus que des agrégations, des troupeaux de mâles et de femelles. Or, un troupeau, une agrégation, une association même, qui ne reposerait que sur des conventions subordonnées aux passions et aux caprices du moment, ne serait pas une société dans le sens où l'a compris et pratiqué l'humanité entière depuis le commencement du monde.

Rousseau et Montesquieu ont altéré, par l'étrangeté et la témérité de leurs doctrines, le sens moral des peuples modernes.

J'ai déjà cité quelques-unes des propositions singulières de ces deux publicistes, dont le bon sens public et la pratique ont mis à nu la vanité et la fausseté.

Le *Contrat Social* de Jean-Jacques est un tour de force contre la raison et l'histoire.

L'*Esprit des Lois* de Montesquieu est, dans certaines parties, une mosaïque bizarre où le bon sens, le sophisme et l'esprit prétentieux sont dans une révolte perpétuelle contre les traditions de l'humanité et les éléments de la morale.

L'orgueil et l'ignorance ont fait du *Contrat Social* la panacée des utopistes et des niais. L'afféterie et le ton doctoral de Montesquieu en ont imposé aux esprits superficiels et à la vanité des sots, qui ont placé la vertu dans la bêtise.

Le pouvoir paternel, suivant Rousseau, s'efface et disparaît quand les enfants n'ont plus besoin du père. La famille humaine ressemble identiquement aux autres espèces d'animaux : chaque membre prend son vol à sa fantaisie, voyage où il lui plaît, sans être astreint à aucun devoir, à aucune obligation morale.

Le pouvoir politique, lequel, dans la pensée de Rousseau, repose sur le pouvoir paternel, est expliqué en peu de mots. Jean-Jacques a hâte de bâtir son édifice. On sent, en l'examinant, que l'auteur n'avait qu'une médiocre confiance dans la justesse de ses principes.

« La famille est, SI L'ON VEUT, le premier mo-
« dèle des sociétés politiques ; le chef est l'image
« du père, le peuple est l'image des enfants, et
« tous *étant nés égaux et libres, n'aliènent leur li-*
« *berté que pour leur utilité*. TOUTE LA DIFFÉRENCE
« est que dans la famille l'amour du père pour ses
« enfants le paie des soins qu'il leur rend, et que
« dans l'État le plaisir de commander supplée à cet
« amour que le chef n'a pas pour ses peuples [1]. »

Voilà qui est rassurant ! la famille est, *si l'on
veut !* le premier modèle des sociétés politiques !
C'est facultatif. Les caractères mal faits, les esprits
indépendants, qui seraient tentés de secouer le
joug de la famille, et de vivre sans père ni mère,
sont parfaitement libres ! Je ne raille pas, j'appli-
que les maximes de Rousseau. Mais le publiciste
fait une découverte que n'avaient pas soupçonnée
les penseurs des siècles précédents : « Les enfants,
ou les hommes, étant nés *libres et égaux, n'alié-
nent leur liberté que pour leur utilité.* » Quand ces
enfants ou ces hommes aliènent-ils leur liberté ?
Rousseau ne le dit pas. Soyons généreux. Ce n'est
pas quand ils sont à la mamelle : ils crient, man-
gent et dorment. Toute leur existence est purement
physiologique. Est-ce dans ces premières années
de l'enfance, où ils ne savent ni lire ni écrire, et

[1] *Contrat social,* liv. 1, ch. 2.

sont parfaitement incapables de pourvoir à leur subsistance? Non, apparemment! Eh bien! poursuivons. Est-ce à l'âge de raison? Quand ils sont forts, grands, robustes, qu'en un mot, ils sont arrivés à cet âge où ils n'ont plus besoin du père, et qu'ils sont exempts de l'obéissance qu'ils lui *devaient*, et que le père est exempt des soins qu'il leur *devait*, pour répéter l'expression de Rousseau! C'est probablement le moment le plus favorable pour réaliser le Contrat social.

Mais avant d'examiner le problème du Contrat social, dont Rousseau nous promet la solution, un dernier mot sur la distinction qu'il fait entre le père de famille et le chef d'un peuple : « Toute « la différence est que dans la famille l'amour du « père pour ses enfants le paie des soins qu'il leur « rend, et que dans l'État le *plaisir* de comman- « der supplée à cet amour que le chef n'a pas « pour ses peuples. » C'est probablement par amour pour ses enfants que Rousseau les envoyait à l'hôpital, et c'est sans doute cet acte de tendresse qu'il appelle des soins! Quel dévouement paternel! Jugeant des chefs des peuples par lui-même, Rousseau n'a pu comprendre l'affection d'un prince pour ses peuples. Peut-être le philosophe genevois avait-il présent à l'esprit un Néron, un Tibère ou un Caligula! Quelques pages de l'histoire de France lui auraient appris qu'en France les chefs de l'État ont souvent été les pères du peuple, et que, à part des écarts inhérents à la faiblesse humaine, ils ont été des princes cléments et des hommes généreux. Rousseau, né dans une petite république, n'a apporté de sa patrie que la haine et l'amertume d'une âme dédaignée, et la violence paradoxale d'une nature excentrique. Précurseur de son compatriote Marat, il n'a assisté ni aux saturnales sanglantes de Danton et de Robespierre, qu'il avait préparées, ni aux drames en action dont ses doctrines avaient tracé le prologue, si cruellement exécuté par la Convention.

Rousseau méconnaît la puissance paternelle ; il réduit la famille à l'union du mâle et de la femelle. Pour lui, la femme n'existe pas. L'enfant ne doit rien à son père. Libre et indépendant, sa raison d'être exige qu'il vive au gré de ses passions, ou plutôt de ses instincts. Il part pour une autre patrie, loin des lieux qui l'ont vu naître ; et si le hasard lui présente une créature qu'il rende mère, il fera comme son père, qu'il n'a pas de motif de revoir, ne comptant sur ses enfants qu'autant qu'ils auront besoin de lui, et les laissant ensuite, comme les oiseaux qui jettent leurs petits hors du nid en les abandonnant à leur propre sort.

Le pouvoir du père est-il bien ce que Rousseau

l'a fait? Quoi! le père n'aurait qu'à élever ses enfants comme les animaux élèvent leurs petits? L'homme, à qui Dieu a donné l'intelligence, pourrait dire à son fils : « Va-t'en, te voilà fort, instruit, tu peux gagner ta vie. Tu ne me dois rien, ni respect, ni reconnaissance, ni secours, ni affection, ni assistance dans le besoin. Tu seras désormais un étranger pour moi. Je n'ai plus de devoir à remplir à ton égard. La vie est une épreuve semée d'écueils et de dangers. Ici est la vertu, là est le crime. Je pourrais t'enseigner la route de l'honneur et du bonheur, je ne te dois plus rien. Cependant nous pourrions faire une convention. Si je venais à mourir, il te reste encore ta mère, qui t'a porté dans son sein, qui t'a nourri de son lait, qui a couvert ton enfance de tendresse et de soins, qui a veillé auprès de ton berceau, qui t'a soigné dans tes maladies, et s'est privée de repos et même du nécessaire pour assurer ta santé et ta vie. Tu ne dois rien à cette mère. La nature ne t'y oblige pas. Mais j'aime ta mère. L'idée qu'elle pourrait être malheureuse dans sa vieillesse m'inquiète, et trouble mon bonheur. Faisons donc une convention. Promets-moi de venir en aide à ta mère, et, comme tu ne lui dois rien, et qu'avant tout il faut que tu fasses tes affaires, voilà une somme d'argent : oblige-moi de lui servir une rente viagère, et console-la, si tes loisirs te le permettent. »

Maître Rousseau, j'en demande pardon à votre ombre et à vos nombreux disciples, vous êtes le plus insensé ou le plus criminel des hommes! Votre doctrine est celle d'un monstre. Je ne connais dans ces temps modernes que trois hommes qui vous aient merveilleusement compris. J'ai déjà cité leurs noms une fois, depuis que je discute avec vous. Je craindrais de trouver du sang au bout de ma plume, si je les écrivais une seconde fois !

Non, cette doctrine monstrueuse n'est pas acceptable. La nature ne perd jamais son empire : elle maintient les devoirs du père et des enfants. A toutes les époques de la vie, le père doit conseil et assistance à ses enfants, suivant ses lumières et ses moyens. A toutes les époques de la vie, l'enfant doit respect, obéissance et secours à l'auteur de ses jours. C'est une loi de la nature, aussi profondément gravée dans le cœur de l'homme que cette autre loi dont elle découle : « Homicide point ne seras, de fait ni volontairement. » Dieu a mis dans toutes les âmes l'idée du devoir, et c'est sur le devoir que repose tout entier le pouvoir du père, comme c'est sur le devoir que repose tout entière l'obéissance de l'enfant.

Toutefois, Rousseau, qui a vu la famille, sans en

bien pénétrer la nature et se rendre compte de son existence, tâche de se tirer d'affaire pour arriver à son Contrat social. Comme c'est sur elle qu'il fonde ce fameux Contrat, il lui faut une base inattaquable, sans quoi l'édifice s'écroule tout entier. « S'ils continuent (le père et les enfants) de rester unis, ce n'est plus *naturellement*, c'est *volontairement*, *et la famille elle-même ne se maintient que par con-vention*. » Voilà qui est clair. L'idée du devoir dis-paraît. Les rapports de père et d'enfant imposés par la nature n'existent plus. Les enfants pour-raient abandonner père et mère. Mais Rousseau a un excellent cœur. Il ne veut pas qu'un fils et un père se quittent s'ils veulent rester ensem-ble. Le père, la mère tomberont dans la misère, parce qu'ils se seront épuisés pour élever leurs en-fants. Ceux-ci, n'en ayant plus besoin, ne leur doivent rien. S'ils sont bons, encore que le *lien naturel se soit dissous*, ils pourront leur faire l'au-mône, comme au premier venu. Seulement, le père doit savoir que c'est pure bonté de la part des en-fants. Quant à la nature de la convention par la-quelle seulement la famille se maintient, Rousseau ne l'explique pas. Le philosophe se contente d'une affirmation ; on cherche vainement les traces de cette convention sur laquelle repose tout entier le Contrat social. Ce n'est pas le seul cas où Rousseau laisse son lecteur dans l'embarras, au milieu de ce galimatias guindé, beaucoup plus inexplicable que les doctrines de Grotius, dont il se plaint tant dans son ouvrage.

Nous avons vu ce qu'est la famille selon Rousseau. C'est l'union naturelle de l'homme avec la femme : union naturelle tant que les enfants sont dans le besoin; union volontaire quand les enfants peuvent se suffire à eux-mêmes. Point de devoir de part ni d'autre. Le lien naturel est dissous.

Mais la convention va s'établir, la société en sortira. Examinons la nature de cette convention, le caractère d'une pareille société, et quelle sera la puissance légitime qui la gouvernera.

II

C'est le devoir qui crée le droit,
et non le droit qui crée le devoir.
Les passions et les vices nous relè-
guent dans la classe des esclaves.
CHATEAUBRIAND. *Mémoires.*

Rousseau convient que toute puissance vient de Dieu, et qu'on n'est obligé d'obéir qu'aux puissances légitimes [1]. Il constate que la force ne saurait établir aucun droit. Mais à quel signe reconnaître les puissances légitimes ? Rousseau saute à pieds joints sur les difficultés, et se hâte d'affirmer sans aucune preuve : « Puisque aucun homme « n'a une autorité naturelle sur son semblable, « et puisque la famille ne produit aucun droit, « restent donc les conventions pour base de toute « autorité légitime parmi les hommes [2]. » Il est évident qu'aucun homme n'a qualité pour commander à un autre homme, en son nom et de son autorité privée. Mais là n'est pas la question. Soit

[1] *Contrat social,* liv. **1,** ch. **3.**
[2] *Ibid.,* ch. **4.**

ignorance ou mauvaise foi, l'auteur du *Contrat Social* confond les idées les plus simples et les plus contradictoires. Où s'est-il trouvé un homme, dans l'histoire du monde entier, qui ait osé dire aux autres hommes : « Je vous ordonne de m'obéir et de reconnaître mon autorité ? » N'est-ce pas en vertu d'un principe ou d'une loi que les chefs des peuples exigent respect et obéissance ? Même les tyrans, même les usurpateurs, même les révolutionnaires les plus cruels, ont-ils jamais demandé une obéissance sans révéler à leurs sujets ou leurs concitoyens le titre apparent en vertu duquel ils commandaient, ordonnaient ou imposaient leur volonté ? L'arbitraire le plus violent a pu être supporté par des peuples ; c'était toujours d'un *chef* et non d'un *homme* que cet arbitraire descendait. Mais n'anticipons pas sur la discussion.

Le problème que pose Rousseau doit trouver sa solution dans la suite du *Contrat Social*, et il prend *les conventions pour base de toute autorité légitime parmi les hommes*. J'avoue que je touche au point délicat de la question. Je n'ignore ni les tendances, ni la foi politique des hommes éminents dans le droit public de mon pays, qui ont écrit sur cette matière, depuis une trentaine d'années. Ma conviction fera excuser, j'ose l'espérer, aux yeux des lecteurs de ce travail, s'il en a, ce que la mal-

veillance pourrait appeler orgueil ou témérité.
Non, il n'y a ni orgueil ni témérité dans la lutte
que j'engage. Quelle que soit la faiblesse de mes
lumières, je cède à un sentiment plus noble qu'à
un misérable mouvement de vanité. Fort de ma
conscience, j'accomplis ce que je crois être un devoir en combattant ce qui me paraît être une
longue erreur, due à la légèreté des esprits plus
encore qu'à la passion aveugle qui s'est agenouil-
lée humblement devant les utopies et les rêves du
plus audacieux charlatan des temps modernes. Je
n'ignore pas que dans une grande partie de la
presse de Paris, et notamment dans un journal
important par l'élévation de sa rédaction [1], on ne
reconnaît de pouvoir qu'un *pouvoir consenti*. Or,
un *pouvoir consenti* n'est qu'une application rigou-
reuse du *Contrat Social*, et cette théorie n'est au
fond que la *convention* dont parle Rousseau ; convention qu'il donne pour base de *toute autorité légitime* parmi les hommes. Eh bien! le point de départ de l'auteur du *Contrat Social* ne repose ni
sur les principes ni sur les faits. En d'autres termes, il est contraire au droit naturel et à toutes les
données historiques.

— L'idée de pouvoir, ou d'autorité, car c'est la
même notion, l'expression du même principe ou

[1] *Le Journal des Débats* (année 1850).

du même fait sous deux termes différents, l'Autorité n'est point une idée contingente, la société ou l'humanité étant donnée telle qu'elle est. L'inégalité est la base des sociétés, comme elle est l'essence de la famille. Cette prétendue égalité dont parle Rousseau ne peut être de sa part une erreur, puisque, jetant les yeux autour de lui, du berceau à la tombe, de l'insecte à l'éléphant, du plus modeste arbuste jusqu'au cèdre du Liban, la nature ne lui présente pas deux êtres identiquement égaux. Les similitudes les plus frappantes ont encore un cachet qui n'échappe pas aux yeux clairvoyants. Cette égalité mensongère, erronée, si on veut un terme plus doux, est-elle dans les régions intellectuelles? Y a-t-il dans une armée dix hommes de même force, de même intelligence? Le courage est-il égal chez tous les hommes? Les uns ne sont-ils pas lâches et pusillanimes, d'autres braves et courageux jusqu'à l'héroïsme le plus sublime? Comment donc Rousseau parle-t-il d'égalité? Où est-elle, cette abrutissante monotonie si audacieusement affirmée par l'auteur du *Contrat Social*, et si vantée par les ignorants qui ont fait de cet homme un fétiche, parce que, d'un ton dogmatique, il leur déclare que ses doctrines sont la loi du genre humain? Quoi! une nation spirituelle, la plus spirituelle du monde, à ce qu'elle dit dans tous ses livres, ne fronce pas le sourcil quand un rêveur lui débite ces utopies, comme un charlatan sur la place publique ! Elle accepte la drogue, l'avale sans même l'examiner ! Et un peuple qui soumet toutes les questions au libre examen, au *doute méthodique*, cette autre utopie de Descartes, le pendant du *Contrat Social*; un peuple qui se pique de n'accepter que ce qui lui est clairement démontré, se rend aux affirmations de propositions absurdes, qui ne supportent ni les déductions de la logique ni les rapprochements historiques !

Où est-elle, cette convention? Quand a-t-elle commencé? En recherchant bien avant dans les temps primitifs, on en retrouvera probablement quelque trace; le contrat est peut-être perdu. Faisons donc comme les jurisconsultes, contentonsnous d'un commencement de preuve par écrit. — C'est encore trop. Les éléments de publicité que nous avons manquaient à nos pères. — Soit. Prenons le témoignage du genre humain. La tradition nous murmurera bien quelques mots, d'où nous tirerons, par induction, la preuve que JeanJacques est, sinon un grand homme, du moins un publiciste exact dans ses recherches et logique dans ses affirmations.

Apparemment que si la convention était la base de l'autorité, elle devrait se trouver dans la famille, d'où procèdent les sociétés humaines? Nous avons vu que la famille, loin de reposer sur les conventions, est un fait qui ressort de la nature des choses, et, pour tout dire, une institution divine. Il ne saurait dépendre de l'enfant de ne pas naître dans la famille. L'homme ne s'est pas créé lui-même. Obligé de subir la condition de sa faiblesse et de se développer suivant la loi de son être, il ne peut échapper à la tutelle légitime de ceux de qui il tient la vie; il ne peut davantage se développer intellectuellement et moralement. Qu'est-ce autre chose, un pareil fait, qu'un état normal, absolu, indépendant de la volonté humaine?

Si l'enfant dépend du père et de la mère, sous peine de vie ou de mort, l'homme lui-même, à sa maturité, ne peut se reproduire et se conserver qu'avec des éléments identiques. Pour devenir père à son tour et former un nouvel anneau dans la chaîne de l'humanité, l'homme a besoin d'une compagne; c'est la loi de Dieu. Ce mouvement incessant, régulier, qui se reproduit avec les mêmes conditions et pour le même but, la propagation et la conservation de l'espèce, est la preuve irréfutable de l'origine toute divine de la famille et des sociétés, qui ne sont que la réunion de plusieurs familles subordonnées à un Père commun qui est Dieu, et à un homme qui est chef. Voilà

précisément la question , me répondent les partisans de Rousseau et de Montesquieu , ces deux
grands esprits qui ont mis tout leur génie pour
fausser la vérité, en altérant les éléments de la loi
naturelle et en négligeant d'interroger les faits qui
se sont produits depuis le commencement du
monde. Ils ont vu l'indépendance de l'homme dans
cette liberté que Dieu a donnée à tous les hommes,
afin de sanctionner la loi morale, puisque, sans liberté, l'idée de mérite et de démérite disparaît de
la conscience humaine.

Montesquieu et Rousseau établissent la famille et
la société sur le *droit*. Rien ne *repose sur le droit*
dans les idées morales. Toute morale, toutes les
sociétés, ou , pour parler un langage plus philosophique, la société, l'humanité entière, repose *sur*
le devoir.

L'école qui date particulièrement de Luther ne
pouvait détruire l'idée d'autorité qu'en mettant le
droit à la place du *devoir*.

Enlevez l'idée de DEVOIR du monde moral, l'humanité n'est plus qu'un troupeau de bêtes se dévorant les unes les autres, s'unissant comme les animaux sauvages avec la première femelle venue, et
sacrifiant à l'appétit grossier des sens et de la matière cette lumière divine qu'on appelle la raison,

Ĝ De quel droit, en effet, direz-vous à un autre homme :

« *Alteri ne feceris quod tibi fieri non vis*;

« *Alteri feceris quod tibi fieri vis*.

« Ne faites pas à autrui ce que vous ne voudriez pas qu'on vous fît;

« Faites à autrui ce que vous voudriez qu'on vous fît. »

Le plus fort tue le plus faible, d'après la morale et les principes de Rousseau, sans que personne puisse dire au plus fort : « Vous êtes un lâche, un assassin. » Qui a le droit de s'opposer au meurtre, au vol, au viol, à tous les crimes qui suivent les passions et qui sont le triste cortége de l'humanité? Personne n'a ce droit, puisque, nous dit Rousseau : « aucun homme n'a une autorité naturelle sur son semblable, et puisque la force ne produit aucun droit. » Admettons, au contraire, le devoir, la charité qui prend sa source dans la religion, la fraternité, telle que l'a conçue la morale dans le sens philosophique; toutes les vertus qui font la force de l'homme, la puissance de la famille et la sécurité des sociétés, naissent à l'instant. C'est l'obligation pour le fort de protéger le faible; l'impérieuse nécessité de respecter la vie et la propriété d'un frère, d'un ami, de son semblable. La famille se développe, la société se fonde, et l'égalité naît de l'équilibre que fait régner la justice entre le riche et le pauvre, le puissant et le malheureux, le fort et le faible. Or cette égalité est la seule possible, parce que seule elle est dans la nature.

La justice peut seule faire régner l'égalité parmi les hommes.

Mais, dit Rousseau, « *les hommes, étant nés égaux et libres*, n'aliènent leur liberté que pour leur utilité. »

Les hommes naissent égaux, dites-vous?

Où? dans quel pays? à quelle époque? chez quel peuple?

Sous quel rapport les hommes naissent-ils égaux?

Est-ce physiquement? Mais les uns sont grands, les autres petits; d'autres sont forts, sains et bien constitués, ceux-là maigres, chétifs et sans aucune grâce; les uns sont beaux, et les autres sont laids.

Est-ce intellectuellement que les hommes naissent égaux?

C'est probablement pour cela qu'il y a des gens d'esprit et des imbéciles; des hommes de génie et des idiots. Avez-vous cru, en écrivant votre *Contrat Social*, que Thérèse Levasseur, qui, pendant douze ans que vous lui avez donné des soins, n'a pu apprendre ni à écrire ni à lire, fût née l'égale de son illustre maître?

Peut-être naissent-ils égaux moralement!

Est-ce que les âmes ont le même courage, la même énergie? N'y a-t-il pas des braves et des lâches? Les passions sont-elles les mêmes?

Où est donc cette égalité? Est-ce dans la nature? Là, plus qu'ailleurs, l'inégalité contribue à l'harmonie. Parcourez le monde entier, et citez-moi deux pays qui se ressemblent. Eh bien! ce qu'on appelle harmonie dans le monde physique, qu'est-ce autre chose que la charité dans le monde moral? L'harmonie des âmes n'est-elle pas cette paix profonde, cette foi ardente qui s'élèvent de tous les cœurs pour saluer, dans un sentiment d'amour, de reconnaissance et de respect, l'Auteur de toutes choses? Et cette harmonie, qui n'est au fond que la charité pratique, comment la concevoir et la réaliser avec l'égalité?

Où est la sanction morale des actions humaines sans liberté?

Où est le crime sans liberté?

Où est la vertu avec l'égalité?

La liberté, dites-vous, produit la vertu! Quelle vertu chez des êtres *parfaitement égaux?* La justice, mère de toutes les vertus? A propos de quoi la justice? Qui songera à me tuer, ou même à me frapper, s'il sait que je puis me défendre et que je suis de même force?

6.

Que devient la charité, si personne n'a besoin de son semblable?

Où sont les épreuves de la vie en présence d'êtres égaux, incapables de se nuire, incapables de se servir?

Le monde moral est un mystère impénétrable à l'orgueil humain. C'est au fond de sa conscience que l'homme doit chercher la règle de ses devoirs; c'est au fond de sa conscience qu'il trouvera cette voix intérieure de la nature, qui répète les idées morales de génération en génération, comme un écho permanent des vérités éternelles.

A côté de la liberté, l'inégalité : l'une destinée à servir la volonté, l'autre produisant cette abondance de biens et de maux dans cette vallée de misères que Dieu a tracée dès le commencement des siècles, et qu'il est dans la destinée de tous les hommes de parcourir.

L'homme peut choisir entre deux routes : la vertu ou le crime. Mais comme il fallait une sanction morale, même ici-bas, en attendant la justice absolue, la loi divine, qui atteste la grandeur de notre origine, a survécu au naufrage de l'humanité, comme un phare lumineux qui doit nous guider au port.

Le monde ancien, je parle des deux peuples les plus policés, les mieux cultivés, les Grecs

et les Romains, n'a eu que des lueurs incom-
plètes de cette révélation, qui devait donner à
l'homme le secret de son origine, la certitude de
sa destinée et les moyens de l'accomplir. La foi
antique, telle que nous la transmet Platon, se re-
flète plus purement dans la doctrine de Socrate,
ce précurseur qui semble s'interposer entre les
patriarches de l'ancienne loi et le divin Rédempteur du monde, qui apporte sur la croix le salut du
genre humain. Le devoir est d'origine divine ; le
droit dérive du devoir. C'est par un étrange renversement d'idée et de langage que les stoïciens
modernes essaient de fonder les sociétés politiques
snr les conventions. Rousseau s'est imaginé que
l'homme aliène une partie de sa liberté, et cette
liberté, ils (les hommes) ne l'*aliènent que pour leur
utilité*[1]. Ce qui revient à dire que si l'homme voulait vivre en dehors de la société, il le pourrait.
Ces propositions de la part de Rousseau, l'utopiste
par excellence, affligent sans surprendre. Mais
Montesquieu, cet esprit grave en apparence, qui
visait à l'homme d'État, et surtout au titre ambitieux de penseur profond et de publiciste de premier ordre, comment a-t-il pu écrire les propositions suivantes? « Comme les hommes ont re-
» noncé à *leur indépendance naturelle*, pour vivre

----

[1] *Contrat social.*

» sous des *lois politiques*, ils ont renoncé à la *com-*
» *munauté naturelle* des biens pour vivre sous des
» *lois civiles*[2]. Ces premières lois leur acquièrent
» la liberté ; les secondes, la propriété. »

J'imagine que Montesquieu s'est représenté,
pour écrire ces maximes, les premiers hommes
au milieu des forêts de l'ancien monde, vivant comme les singes ou les lions, puis, fatigués de cette vie errante, de cette nudité qui
n'était pas à l'abri des rigueurs des saisons, se
réunissant sous les arbres et tenant conseil pour
aviser à un changement plus en harmonie avec
leurs besoins et leur nature. J'ai peine à concevoir
quelle pouvait être la nature d'une pareille déli-
bération. Quelle langue parlaient-ils ? Quelles idées
pouvaient-ils émettre ? Rousseau, et Montesquieu
ne nous le disent pas. Montesquieu emploie le mot
indépendance ; Rousseau celui de liberté. Les deux
grands écrivains expriment probablement la même
idée sous des termes différents. C'est un contrat
bien sérieux que celui par lequel on renonce à son
indépendance, et, suivant Jean-Jacques, « il faut
« une longue altération de sentiments et des idées
« pour qu'on puisse se résoudre à prendre son
« semblable pour maître, et se flatter qu'on s'en
« trouvera bien. » Rousseau a raison. L'homme

[1] *Esprit des Lois,* liv. 26, ch. 15.

étant maître de lui-même, fait l'acte d'un insensé en se soumettant volontairement à son semblable Nos pères étaient des êtres stupides. S'ils n'avaient pas inventé la morale, nous serions encore dans cette belle indépendance naturelle, vivant les uns et les autres à notre guise, sans autre règle que notre fantaisie, courant dans les plaines, dans les bois, comme les cerfs, les tigres et les ours ! Quelle noble destinée ! Voilà cependant ce que nous a ravi l'ambition du despotisme, et, pour employer l'expression de Rousseau, LE PLAISIR DE COMMANDER !

L'idée fondamentale de ces deux publicistes revient à celle-ci : « L'homme est libre et indépendant ; l'égalité est une loi de la nature. Libre de se tracer à lui-même sa règle de conduite, il fonde la société et l'autorité. C'est donc un acte de folie de prendre son semblable pour maître, et de se flatter qu'on s'en trouvera bien. »

Rousseau veut qu'on remonte à une première convention, et il entend « *examiner l'acte par lequel un peuple est un peuple*[1]. » La convention politique ou sociale, car c'est tout un, a pour but de garantir la liberté et de faire sortir les hommes de l'état sauvage, qu'il appelle l'état de nature. Ce n'est pas une médiocre difficulté. Mais Jean-Jac-

---

[1] *Contrat social*, liv. 1, ch. 5.

ques est de bonne composition. Quand une difficulté se présente, il la tourne, s'il ne peut la résoudre. C'est le moyen d'aller plus vite. « Trou-
« ver une forme d'association qui défende, protège
« de toute la force commune la personne et les
« biens de chaque associé, et par laquelle cha-
« cun, s'unissant à tous, n'obéisse pourtant qu'à
« lui-même, et reste aussi libre qu'auparavant, »
tel est le problème fondamental, dit Rousseau,
« dont le *Contrat social* donne la solution.» On
serait tenté de croire que Rousseau va compliquer
son contrat social d'une série d'articles où les
droits de l'homme et du citoyen vont être formu-
lés. Non; sa marche est plus simple. Toutes les
clauses se réduisent à une seule, savoir : l'aliéna-
tion totale de chaque associé avec tous ses droits à
toute la communauté[1], de manière, suivant Rousseau, que, si on écarte du pacte social ce qui n'est
pas de son essence, on trouvera qu'il se réduit
aux termes suivants : « Chacun de nous met en
« commun sa personne et toute sa puissance sous
« la suprême direction de la volonté générale, et
« nous recevons en corps chaque membre comme
« partie indivisible du tout. »

Des esprits, un peu sceptiques de leur nature,
ces gens qui n'acceptent qu'après un *doute métho-*

[1] *Contrat social,* liv. 1, ch. 5.

dique, seraient peut-être tentés de demander à Rousseau comment se sont réunis ces hommes qui, fatigués de leur indépendance et de leur liberté, se sont avisés de choisir un maître; à moins que les ambitieux, poussés PAR LE PLAISIR DE COMMANDER, n'aient proposé à leurs semblables une association où les uns seraient maîtres et les autres sujets. Cette dernière hypothèse n'est pas vraisemblable. On ne renonce pas volontiers à son indépendance et à sa liberté pour obéir. Il y a d'autres raisons que Rousseau n'indique pas, probablement parce qu'il les ignorait.

Quels seront les avantages de cette communauté, où chacun de nous met en commun sa personne et toute sa puissance? C'est ce que Rousseau va nous expliquer avec un laconisme et une précision merveilleuse!

III

Qui seminal iniquitatem, metet mala.

Prov., ch. 22, v. 8.

De cette formule sort le souverain; cet être fantastique est, je l'avoue, de la création de Rousseau. En fait de création, Rousseau et toute son école sont d'une fécondité auprès de laquelle la création de la GENÈSE n'est pas comparable. Cependant ce souverain, ou le corps politique, comme il l'appelle, « ne tirant son être que de la « sainteté du contrat, ne peut jamais s'obliger, « même envers autrui, à rien qui déroge à cet « acte primitif, comme d'aliéner quelque portion « de lui-même ou de se soumettre à un autre « souverain. Violér l'acte par lequel il existe, ce « serait s'anéantir, et ce qui n'est rien ne pro- « duit rien [1]. » Ce qui revient à dire : « Avant de vous engager, ne perdez pas de vue la sainteté

[1] *Contrat social*, liv. 1, ch. 7.

du contrat que vous allez former ; au lieu de mettre votre personne et toute votre puissance sous la suprême direction de la volonté générale, réfléchissez ; engagez-vous pour un quart, un tiers, la moitié même, mais pour le tout, une fois lié, il n'y a plus moyen de reculer. C'est grave, mais, enfin, telle est la sainteté du contrat, que le corps politique ou le souverain ne peut jamais s'obliger. C'est un être muet, c'est un mythe inviolable, un sanctuaire impénétrable ; c'est comme l'honneur,

On n'y peut plus rentrer quand on en est dehors.

De sorte que si le contrat primitif est contraire aux intérêts des contractants, comme il est saint, il faudra l'exécuter jusqu'au bout ; et, encore qu'il ne nuise qu'à ceux qui y sont obligés, ils ne peuvent y toucher même d'un commun accord, même pour quelque partie, sans *s'anéantir*. Il est étonnant que nos pères, qui ont *fondé* les premières sociétés, n'aient pas un peu plus réfléchi. C'étaient pourtant des esprits graves, sérieux, au dire de tous les écrivains qui nous rapportent les traditions du genre humain.

Le souverain n'est point simple, c'est un être multiple composé d'autant de membres qu'il y a de contractants. Chacun est tenu de respecter la volonté générale ; et, comme quelques-uns pourraient avoir une volonté particulière, ils sont obligés de se soumettre à la volonté générale. « Quiconque, dit Rousseau, refusera d'obéir à la volonté générale, y sera contraint, *même par tout le corps; ce qui ne signifie rien autre chose. sinon qu'on le forcera d'être libre.* » Voilà une singulière liberté, que celle qui consiste à dire à un homme : « Tu ne veux pas faire telle ou telle chose; tu refuses de voter la mort de tel citoyen, parce que tu la crois injuste; tu ne veux pas proclamer la proscription de tel personnage millionnaire qu'on dépouille pour enrichir la communauté; tu refuses de voter une loi tyrannique dont quelquesuns profiteraient seuls, et tu serais du nombre; tu te permets d'avoir une conscience à toi; ton crime est un crime d'État, et comme il emporte la mort et que nous voulons te forcer *à être libre,* tu mourras sous la décision de la *volonté générale!* » O maître Rousseau! vous nous dites que c'est cette condition qui fait l'artifice et le jeu de la machine politique! Quelle ironie! quelle dose de bêtise votre logique suppose à l'humanité!

Mais il ne s'arrête pas en si beau chemin; la *liberté forcée* ne suffit pas au Contrat social; c'est l'état civil qui produit des effets merveilleux! N'altérons ni la pensée ni le résultat de cette convention que Jean-Jacques appelle l'état civil.

« Ce passage de l'état de nature à l'état civil pro-
« duit dans l'homme un changement très-remar-
« quable, en substituant dans sa conduite la JUSTICE
« à l'INSTINCT, et donnant à ses actions la MORALITÉ
« qui leur MANQUAIT auparavant [1]. » Ah ! je le reconnais, Rousseau, vous êtes un homme supérieur !
vous avez découvert ce que personne n'avait vu
avant vous. Les premiers hommes ne différaient
des autres animaux que par la forme ; l'instinct
était toute leur intelligence ; la moralité manquait
à leurs actions. Tout à coup, cet animal stupide et
borné, comme vous le nommez, sort de sa léthar-
gie. Ceux qui avaient le plus d'instinct disent
aux autres : « Nous ne pouvons pas vivre comme
cela, il faut nous élever jusqu'à l'intelligence et
donner la moralité à nos actions. Laissons à leur
indépendance naturelle les tigres, les lions, les
singes, les ours et les autres animaux ; s'ils veulent se civiliser, ils feront comme nous, et leurs
actions auront de la moralité ; leurs affaires ne
nous regardent pas, nous ne sommes pas de la
même espèce. Dieu aurait pu nous donner en
naissant l'intelligence, et ne pas nous jeter comme
des brutes abandonnées à notre propre faiblesse.
Ce ne lui était pas bien difficile. Mais puisqu'il
ne l'a pas fait, formons un état civil, et passons de

____
[1] *Contrat social*, liv. 1, ch. 8.

l'*état de nature*, un peu monotone, à l'*état civil*; substituons la *justice* à l'*instinct*, donnons à nos actions la *moralité*. » Voilà, certes, un beau tour de force! Je ne m'étonne pas si des esprits chagrins prétendent que l'humanité a dégénéré. Quel homme, quelle assemblée, fût-il un Platon, ou un Alexandre, un César, un Charlemagne, un Bossuet ou un Leibnitz, un Sénat romain ou une Constituante française; quel homme ou quelle assemblée eût pu faire d'un idiot un homme intelligent? Toute la science moderne n'est pas encore parvenue à former un être ayant vie en dehors des lois naturelles, et l'homme aurait pu communiquer ce qu'il n'avait pas ! « Un animal stupide et borné » passer de lui-même de l'*instinct* à la justice !!! J'admirerais si je ne voyais une chute lamentable de l'esprit humain dans cette orgueilleuse et stupide affirmation !

Rousseau ne se contente pas de si peu! Écoutez : « C'est alors seulement que, la *voix du devoir* « succédant à l'*impulsion physique*, et le *droit* à « l'*appétit*, l'homme, qui jusque-là n'avait re- « gardé que lui-même, se voit forcé d'agir sur « d'autres principes, et de consulter sa raison « avant d'écouter ses penchants. Quoiqu'il se « *prive*, dans cet état, de plusieurs avantages qu'il « tient de la nature, il en regagne de si grands ;

« ses facultés s'exercent et se développent, ses
« idées s'étendent, ses sentiments s'ennoblissent,
« son âme tout entière s'élève à tel point, que,
« si les abus de cette nouvelle condition ne le dé-
« gradaient souvent au-dessous de celle dont il
« est sorti, il devrait bénir sans cesse l'instant
« heureux qui l'en arrache pour jamais, et qui
« d'un animal stupide et borné fit un être intelli-
« gent et un homme[1]. »

La voix du devoir s'élève, dites-vous, et succède à l'impulsion physique. Ou cela ne signifie rien, ou cela veut dire que c'est seulement après la formation du *Contrat social*. Avant d'être réunis, pris isolément, les hommes n'avaient que de l'instinct; c'étaient seulement des animaux stupides et bornés! Tout à coup l'intelligence les régit. C'est le *fiat lux* de l'Éternel. Belle création, en effet, lumière toute divine que cette raison soudaine, spontanée, qui de l'état latent passe immédiatement à la notion de justice, à l'idée du devoir!

Quel est le nombre de contractants nécessaire pour former un souverain si extraordinaire, un corps politique qui passe subitement de la brute à l'homme, de l'instinct à la raison? Rousseau ne nous le fait même pas pressentir. Est-ce deux? est-ce trois? est-ce dix? est-ce cent? Vraisemblablement

---

[1] *Contrat social*, liv. 1, ch. 8.

deux, et voici pourquoi : l'homme et la femme, même à l'état de bêtes, s'ennuyant probablement de ne pas parler, et inquiets peut-être de leur espèce s'ils mouraient sans descendants, se seront sans doute avisés, dans une longue soirée d'hiver, de vivre ensemble et de fixer les conditions de leur société. Cette idée n'était pas mauvaise. Ils n'avaient que l'instinct pour se faire obéir des enfants ; il fallait une règle. Ils auront tracé la voie du devoir et donné la moralité à leurs actions. De là, l'institution du mariage, l'établissement de la famille, l'idée de justice ! De la famille à la société il n'y a qu'un pas, puisque, comme le remarque très-judicieusement Rousseau, la plus ancienne des sociétés et la seule naturelle est celle de la famille.

Jean-Jacques n'a donc gardé le silence sur ce point que par cet excès de modestie dont ses ouvrages portent l'empreinte.

Voyez l'effet prodigieux du *Contrat social*. L'homme, qui jusque-là n'avait regardé que lui-même, a tout à coup *d'autres principes*. Rousseau ne nous a pas dit quels principes l'homme avait avant l'existence du souverain. Mais ne soyons pas trop difficile ! « Il consulte sa raison avant d'écouter ses penchants. » C'est peut-être un peu tard. A moins que le souverain ou le corps politique ne

se compose d'idiots et d'enfants, il est bien difficile
à des hommes faits, accoutumés à n'entendre que la
voix de l'instinct et des appétits, de soumettre in-
stantanément leurs penchants à la raison. Assurément, c'est une belle conversion ! Il n'y a que la
foi qui puisse opérer ces prodiges. La foi existait
bien, même pour les premiers hommes ; mais Rousseau ne l'admet pas ; et d'ailleurs quelle action eût
pu exercer la foi sur un *animal stupide et borné ?*
Il fallait le Contrat social pour de tels miracles !

On pourrait se contenter de ce résultat ! Ce n'est
rien pour Rousseau ! Le Contrat social est un
Messie, c'est un nouveau rédempteur du genre
humain ; c'est mieux encore , c'est le Créateur en
chair et en os de ce verbe divin qu'on appelle
raison, le seul signe qui distingue l'homme des
autres espèces ! Cependant Jean-Jacques semble
préférer l'instinct. C'est plus près de l'état de nature ! « L'homme *se prive dans cet état de plusieurs*
« *avantages* qu'il tient de la nature ! » Quels avantages perd-il ? l'instinct ? *D'animal stupide et borné*
il devient un être intelligent, il acquiert l'idée de
justice ; c'était un animal, une brute, et vous dites
qu'il se prive dans cet état de plusieurs avantages ?
En lisant votre chapitre, Jean-Jacques, je serais
tenté de croire que vous étiez incarné avec l'animal stupide et borné dont vous faites une peinture

si vivante! Il faut être stupide, en effet, pour penser et pour écrire de telles aberrations! Rousseau veut bien nous dire que par le Contrat social l'homme perd sa *liberté naturelle* et un *droit illimité* à tout ce qui le tente, et qu'il peut atteindre. Ce qu'il gagne, c'est la liberté civile et la propriété de tout ce qu'il possède. A tout prendre, le marché n'est pas encore trop mauvais; car cette prétendue liberté *naturelle*, qui n'a jamais existé que dans les utopies de Rousseau, est largement compensée par la liberté civile, qu'il faut appeler sociale, et la propriété, sur laquelle il n'avait probablement pas d'idée plus exacte que sur le reste.

La propriété est de droit naturel, maître Jean-Jacques! mais les conditions diverses de la propriété sont seules de droit civil.

Je suis votre exemple, inimitable sophiste; je n'en ai que trop dit sur cet article, et *le sens philosophique du mot* PROPRIÉTÉ *n'est pas ici de mon sujet.*

IV

Rousseau et Montesquieu ont écrit la théorie du despotisme sous le manteau de la liberté, l'utopie à la place du fait. Des puérilités d'esprit faux, substituées sans démonstration à toutes les traditions historiques, ont fait de la famille et de la société deux êtres complétement imaginaires. L'école du *Contrat social*, en considérant l'homme dans ce qu'elle appelle l'état de nature, crée par ce prétendu pacte social un PANDÆMONIUM où toutes les idées morales sont bouleversées. Dieu s'efface du monde des intelligences. Créateur de la nature extérieure, sans action sur l'humanité, il paraît aux regards de cette philosophie grossière comme une superfétation inutile et ridicule.

Qu'est-ce que Dieu, dans le *Contrat social?*

L'homme sort de ses mains moins parfait que

7.

les autres espèces. Les animaux obéissent à des lois fixes, permanentes ; leur existence tout entière, naissance, reproduction, conservation, développement et fin, tout est réglé avec une sagesse admirable. Partout les lois de la nature physique sont écrites dans l'univers en lettres ineffaçables. —Le mouvement régulier des astres reconnaît sa puissance et la loi que Dieu a donnée à tous les êtres. L'Océan respecte ses rivages. L'homme seul, dans la folie de son orgueil, résiste au Créateur, et veut se faire à lui-même la loi de son origine et de sa destinée. Étrange et lamentable aveuglement ! Dieu aurait créé l'homme sans lui donner des lois ! il l'aurait jeté sur la terre au milieu de cette création qu'il aspire à gouverner et qu'il dégrade par l'abrutissement d'une révolte perpétuelle ! L'homme, par un privilége inouï, inexplicable, absurde, impossible, serait le seul dans l'univers qui pût dire à Dieu : « Vous m'avez créé,
« il est vrai, comme les autres êtres, et cependant
« je ne dépends pas de vous, car je suis l'auteur
« de ma morale, de ma règle de conduite ; je n'ai
« reçu de vous que l'instinct, l'instinct supérieur,
« puisque je puis arriver jusqu'à l'intelligence.
« Les idées du juste et de l'injuste, l'idée du de-
« voir qui m'élève à une hauteur incomparable,
« toute cette nature intellectuelle et morale qui

« place sous ma domination l'univers entier, c'est
« moi qui l'ai inventée ! »

Par une étrange contradiction, l'*animal stupide
et borné* s'élève de lui-même à l'intelligence.
Instinct et *justice, appétit* et *devoir*, sont juxta-
posés par un effort inouï et une violation manifeste du sens commun. L'idée est absurde, il
y a contradiction dans les termes : qu'importe !
l'orgueil couvre tout; l'affirmation remplace
la preuve. Le genre humain doit croire, car
l'homme vit par la foi. Le siècle ébahi retentit
d'un cri d'allégresse sauvage; le génie du mal,
l'esprit d'erreur et de mensonge, s'était répandu
dans le monde; les enfers avaient tressailli; les
princes de la philosophie avaient enveloppé l'humanité des ténèbres de la confusion. Mortels,
chantez l'hymne du triomphe ! La foi était morte,
la foi est ressuscitée ! Nos pères avaient dormi
dans les limbes de l'ignorance; les titres de l'humanité étaient perdus ! Rousseau et Montesquieu
sont les Messies des temps modernes. Disciples
fidèles, apôtres sublimes des saints prophètes qui
avez régénéré la société française, trinité glorieuse
de la démagogie, reposez en paix à côté de vos
illustres précurseurs, car vous avez bien mérité
de la patrie et du monde, généreux philanthropes
qui avez passé sur la terre, pour la gloire de

vos maîtres et l'irréfutable démonstration de vos principes. Marat, Danton, Robespierre, je crois volontiers à vos convictions! vous les avez confessées en portant votre tête sur l'échafaud!

Rousseau, utopiste, esprit malade, contempteur souverain d'une société qu'il a déshonorée, qui l'a rejeté; Rousseau, déviant honteusement des lois de l'honneur, étouffant la voix de la nature, se ravalant lui-même au-dessous de l'animal par l'abandon de ses enfants, réformateur dogmatique d'une morale qui le condamne, enseignant, du ton superbe de l'arrogance, les lois faites à l'image de son âme ; Rousseau, étouffant dans l'orgueil les cris de sa conscience, appelant dans sa fureur les générations futures à partager ses hideuses maximes, pour avoir des complices de sa dépravante et honteuse morale ; s'agitant jour et nuit pour enivrer des convives au banquet de cette vie crapuleuse qu'un cynisme de laquais affecte d'étaler dans les *Confessions* où la débauche de l'esprit cache les turpitudes et les lâchetés du cœur; Rousseau, en lutte ouverte avec Dieu, l'homme et la société, trinité qu'il dégrade de toute la puissance de sa volonté; Rousseau, sans honneur, malhonnête homme, dans toute la force déshonorante du mot, en théorie et en pratique, c'est un malheur et un crime!

Mais, Charles de Secondat, baron de Montesquieu, président à mortier au parlement de Bordeaux, élevé dans les traditions de l'honneur et le sentiment religieux ; Montesquieu, riche et puissant, entouré de toute la considération qui s'attache aux grands noms relevés par le talent, généreux et capable des plus nobles actions, recherché, fêté par tous les princes et les grands de son siècle, Montesquieu voyage en Angleterre, en Autriche, en Italie, dans presque toute l'Europe, pour étudier les gouvernements et les mœurs des peuples du continent ; Montesquieu a tout vu dans la civilisation moderne. Assis dans sa solitude du château de la Brède, il médite, pendant vingt ans, sur *l'esprit des lois*, et dans ce long enfantement d'idées il découvre l'homme à l'*état de nature* ; puis, jetant un regard de douleur et d'amertume sur les sociétés primitives, il a pu se dire, dans le silence du recueillement : « Ce sauvage que je vois, ces animaux qui grimpent dans les arbres, ces loups, ces chevaux aux instincts délicats, seront peut-être un jour, comme moi, assis à l'ombre des bois, étudiant le passé quand ils auront abandonné l'état de nature ! Ainsi étaient nos aïeux ! Dépourvus d'entendement, réduits à l'instinct et à l'appétit, ils ignoraient la notion du devoir et de la justice. La société seule pouvait les élever à cette grandeur morale, à cette raison que Dieu a refusée à l'homme dans l'état de nature. O homme social ! merveilleuse découverte du génie humain, que tu es petit en sortant des mains du Créateur ! que tu es grand quand le Contrat social a versé sur ton front l'eau salutaire de l'intelligence ! Mortels des premiers âges, vous étiez condamnés à vivre de glands et à vous abriter sous les forêts du vieux monde, errant à l'aventure au milieu des divers animaux de la création ! Bénissons la société, bénissons la famille, cette belle institution des hommes qui nous donne la morale.

O Montesquieu ! illustre baron, vous président d'un Parlement, que vous ayez passé vingt ans de votre vie au milieu des livres et des méditations pour découvrir, sous les ruines des premiers temps, que le plus ancien de vos aïeux n'avait que l'instinct du crocodile ou du rhinocéros ! tant de peines, tant de misères dans une belle âme (vous qui rachetiez si noblement le CAPTIF DE TUNIS [1]), pour entrer à pleines voiles dans le temple de la Philosophie et recueillir une gloire que les grands-

---

[1] Montesquieu avait racheté pour 6,000 livres un prisonnier de Tunis, à la suite d'un voyage qu'il fit à Marseille. Ce n'est qu'à sa mort que ce beau trait a été connu, d'autant plus admirable qu'il s'agissait d'une personne qui lui était complétement étrangère. (*Voir sa vie.*)

prêtres, Voltaire, Helvétius, ont ridiculisée sans
pitié, c'est tout à la fois un crime contre Dieu,
un malheur pour la société, et une honte pour
votre nom !

V

Pouvoir ou Autorité sont deux termes identiques dans la langue politique. L'idée d'autorité est naturelle à l'homme, puisqu'elle rappelle Dieu, auteur de tous les êtres. Si l'homme avait créé l'autorité ou le pouvoir, il serait le souverain maître de ses destinées; la morale serait son œuvre, la justice et le devoir sortiraient des entrailles de la famille ou de la société. Or, en pénétrant la valeur des termes, on reconnaîtra que l'idée d'autorité et l'idée de convention sont radicalement contradictoires. Déclarer qu'on reconnaît un pouvoir ou une autorité, en tant qu'on le fait, mais qu'on ne le subit pas, c'est une inconséquence qui constitue une absurdité dans l'idée, puisque le seul fait de consentir implique

la faculté de refuser, et qu'une AUTORITÉ CON-
TESTÉE n'est plus une AUTORITÉ.

Pour ne pas laisser de vague dans les principes,
j'explique donc ce que j'entends par autorité dans
l'ordre social ou politique.

C'est l'ascendant, la supériorité morale, intellectuelle ou sociale d'un homme sur les autres
hommes, généralement reconnue.

Peu importe le nom qu'on donne à cet homme
qui exerce cet ascendant sur ses semblables ; le
pouvoir ou l'autorité n'est pas dans le mot, il est
dans la chose.

Roi, empereur, président, dictateur, consul,
tribun, directoire ou sénat, congrès ou parlement,
assemblée, chambre des pairs, convention ou
constituante, qu'on choisisse le nom qu'on voudra, on ne détruira pas le principe d'autorité sans
détruire simultanément la famille et la société, la
liberté et le devoir, qui ont pour but la justice,
pour résultat le bonheur ; et pour exécution et
garantie de la justice la FORCE, qui assure la liberté nécessaire au règne de la justice et, par
conséquent, au bonheur.

Dans l'idée du peuple, je devrais dire des peuples, Pouvoir, Autorité, Gouvernement, représentent le même fait, à savoir : la direction des
sociétés, le règne de la justice dans les empires,

et la mission toute divine de faire le bonheur des nations dans l'étendue et la mesure des forces humaines.

Dans un sens plus étendu, le gouvernement est l'ensemble des fonctionnaires chargés de l'exécution des lois et de l'administration d'un pays. Le pouvoir ou l'autorité est, dans ce cas, la tête du gouvernement; il est l'esprit, l'âme qui anime toute la machine. Dans l'usage de la vie, que dit le peuple? Le gouvernement est juste ou injuste, fort ou faible à ses yeux, suivant qu'il le protège ou qu'il le laisse opprimer.

Mon affirmation repose sur une triple base : la loi naturelle, le sens commun, et l'histoire ou la tradition du genre humain.

J'entends par loi naturelle, le principe organique des êtres, en dehors duquel ils ne peuvent ni vivre, ni se conserver, ni se développer.

Le sens commun est l'opinion des masses relativement au pouvoir ou gouvernement.

L'histoire ou tradition du genre humain est ici l'ensemble et la concordance des idées et des faits par rapport à l'autorité.

La loi des sociétés ne saurait être que le développement de la famille. Elle peut produire plus, elle ne saurait produire moins. La famille admet nécessairement l'autorité du père et de la mère, autorité qu'on désigne sous le nom identique et simple d'autorité ou puissance paternelle. Où le père a-t-il puisé son autorité sur ses enfants? Est-ce lui qui l'a créée, inventée? Un artisan qui a construit un instrument, un mécanicien qui a fabriqué une machine, peuvent-ils faire, l'un, que l'instrument ne soit pas son œuvre; l'autre, que sa machine ne soit pas due à ses travaux? N'y a-t-il pas le rapport direct, inséparable, de l'effet à la cause? C'est donc la création ou la cause efficiente, comme disent les métaphysiciens et les moralistes, qui se trouve liée à ce qu'elle a produit, sans qu'il soit possible de concevoir un effet autrement.

Les enfants peuvent-ils vivre sans le père et sans la mère? Non. Peuvent-ils choisir un chef? Non, l'idée est absurde. Donc, l'autorité paternelle leur est imposée par le fait même de leur nature; donc, la loi est naturelle et non humaine.

L'homme faible peut-il résister à l'homme fort? Non. L'homme fort a-t-il le droit de molester le faible, de le dépouiller ou de le mettre à mort par vengeance ou par cupidité? Non; ce sentiment répugne à la nature, à la raison et à la conscience du genre humain.

Cependant, le cas se présente : qu'ordonne le sentiment naturel chez tous les hommes? De porter secours à celui qui souffre, d'arracher la victime des mains du malfaiteur.

L'intervention d'un tiers n'est donc pas un droit, autrement il pourrait y renoncer, et le cri de sa conscience lui dit qu'il ne le peut, c'est donc un *devoir*. Donc, l'autorité, dans la société comme dans la famille, dérive du devoir, et par conséquent de la nature.

Or, tout pouvoir, toute autorité, tout gouvernement, pourquoi est-il établi, et comment est-il établi?

Exactement et pour la même cause que le tiers qui intervient et qui est *obligé moralement, socialement, naturellement*, d'intervenir entre deux combattants, afin de rétablir l'egalité ou l'équilibre. Or, l'égalité ou l'équilibre moral, humainement parlant, qu'est-ce, sinon la justice? Qui a déterminé ce tiers à intervenir? Le devoir, avons-nous dit. Que s'est-il proposé? D'empêcher l'injustice; car il est injuste de voler, de violer, de tuer ou même de frapper quand on n'est pas attaqué. Or, empêcher l'injustice, n'est-ce pas faire régner la justice? mais pour arriver là, il a fallu, ou ramener par la persuasion ou par la force physique : c'est-à-dire, dans le premier cas, par l'ascendant intellectuel, en rappelant l'agresseur à la raison; par l'ascendant moral, en le ramenant à de meilleurs sentiments ; par la force ou coërcision, en l'empêchant, ou de commettre son crime, ou de l'achever.

Ce tiers demande-t-il à l'agresseur la permission, le *consentement*, pour agir de la sorte? y a-t-il une *convention* qui permette à l'intervenant de prendre l'autorité? L'agresseur lui dit-il : « J'ai envie de voler, de tuer ou de maltraiter mon voisin, dont je suis jaloux ou que je veux dépouiller ; faisons une convention : je vous donne AUTORITÉ sur moi, je vous permets de nous séparer ou de m'empêcher d'exécuter tel projet? » Cette hypothèse absurde est cependant le raisonnement de ceux qui font reposer le pouvoir ou l'autorité sur des conventions humaines.

Telle est l'origine du pouvoir. Faites disparaître l'injustice du monde, la notion d'autorité devient inintelligible, car elle n'a pas de raison d'être, et l'intelligence ne saurait comprendre ce qui n'est pas dans la nature des choses ; c'est sa loi. L'intelligence ne peut comprendre que les choses possibles ; et qu'est-ce qu'une Autorité, un Pouvoir, un Gouvernement qui n'aurait pas d'objet? Cette notion, cette idée ne correspondrait ni à un *devoir* ni à un *droit*.

Or, en dehors du *devoir* et du *droit*, il n'y a plus que le néant dans l'ordre moral.

Plus D'INJUSTICE sur la terre !

Plus d'autorité !

A quoi servirait l'autorité ?

Plus d'injustice !

C'est dire :

Plus de calomnie !

Plus de diffamation !

Plus de vol !

Plus de crime !

Plus de meurtre !

Plus de guerre !

Plus de tribunaux ! Pour quoi faire ?

Plus d'impôts ! A quoi serviraient-ils ?

Plus de marine militaire !

Plus de guerre ! Plus d'armée !

La justice parmi les hommes ! Le règne de la justice sur la terre, qu'est-ce autre chose qu'un nouvel Eden, un paradis, en attendant le moment suprême où l'homme pur et sans tache pourrait contempler la vérité éternelle dans le sein de Dieu ?

Les utopistes ne tiennent compte ni de la chute de l'homme ni des passions qui en sont la suite.

La chute originelle est un mystère ; le crime est un mystère ; les iniquités des enfants des hommes, mystères ; tout est mystère, mystère impénétrable, dans la nature humaine. Vainement l'orgueil se révolte, les efforts de la raison ne prouvent que l'impuissance et l'imperfection de nos âmes; il faut courber la tête, il faut s'incliner devant la loi de Dieu. En remontant le cours des siècles, l'homme sent la chaîne qui l'attache à un premier être, les anneaux ne sont point brisés. Bon gré, mal gré, la dépendance et l'obéissance se portent au front de la créature, et, suivant la belle expression du grand poète moderne :

L'homme est un Dieu tombé qui se souvient des cieux [1].

La liberté elle-même, qu'est-elle, sinon un impénétrable mystère? Le bien et le mal, elle peut choisir; mais, le bien seul existe. Le mal n'est que la négation du bien; en d'autres termes : faire le mal, quel que soit l'acte, faire le mal, quelque nom qu'on donne à la chose, qu'est-ce, sinon la désobéissance à la loi, la transgression, la violation du devoir?

Cette loi des intelligences, d'où sort-elle? Excepté Dieu, l'auteur et le créateur de la justice éternelle, absolue; excepté Dieu, qui a donné la vie à tous les êtres, et, par là même, les conditions ou la loi d'existence, puisque *loi* et *être* sont deux idées corrélatives, inséparables, incompréhensibles

____
[1] M. de Lamartine.

l'une sans l'autre ; cette loi, d'où sort-elle pour tous les êtres, sinon de l'auteur même de tous les êtres ? Or, Dieu, tout-puissant, infini dans son intelligence comme dans tous ses autres attributs, Dieu pouvait-il créer l'homme sans lui IMPOSER la loi suivant laquelle il se développerait ? Posée dans ces termes (il n'y en a pas d'autres), la question est résolue.

L'humanité l'interprète ainsi tous les jours. Interrogeons les peuples, en les suivant dans la vie pratique. C'est le sens commun, l'unique règle de conduite dont les décisions soient souveraines dans les idées morales.

Que se passe-t-il dans la vie des peuples ? En Asie comme en Amérique, en Afrique comme en Europe, chez toutes les nations et sous toutes les latitudes, l'assassinat est un crime.

Partout, la même distinction entre le meurtre volontaire et le meurtre involontaire.

La volonté, dans le meurtre, constitue le crime : le meurtre involontaire n'est qu'un malheur.

Cette loi universelle des intelligences qui caractérise le même fait dans l'ordre social est une loi naturelle. La sanction peut varier, le principe est le même ; la peine suit les mœurs, la condamnation suit la morale.

Cette réprobation universelle d'un même fait

par des hommes qui n'ont aucun rapport de culture, de législation, de civilisation; cette condamnation d'un acte contre le droit de la nature (le
droit ou *loi* de la nature sont deux termes identiques), ne serait-elle que le résultat d'une *conven-*
tion?

C'est bien là une loi naturelle. L'universalité
d'une loi est le caractère distinctif de son auguste
origine.

Que dit l'histoire sur l'autorité ou le pouvoir?

La loi naturelle, le sens commun, sont-ils en
contradiction avec les données historiques?

Les peuples de l'antiquité, les peuples modernes,
ceux du nord, ceux du midi, reconnaissent tous
le principe du pouvoir ou de l'autorité. Ce fait
n'est contesté par aucune nation. Des voix isolées,
des rêveurs solitaires, poussent çà et là un rugis-
sement de colère contre ce sentiment d'obéissance
qui met un frein à leur orgueil. L'humanité continue sa route, sans même se détourner pour entendre la voix de ces lugubres génies; elle marche
à travers les siècles, proclamant en tous lieux la
nécessité de l'autorité, demandant à toutes les
époques la liberté.

Le genre humain n'est point absurde; l'idée
d'autorité et l'idée de liberté ne sont point contradictoires. C'est en invoquant l'autorité que les

peuples réclament la liberté; c'est au nom de la liberté qu'ils respectent l'autorité.

Quand un voleur, un assassin commet un crime au milieu d'une foule, que se passe-t-il? A l'instant même chacun s'empresse de secourir la victime et de lui prêter main-forte contre l'agresseur. Ce fait si frappant est-il particulier à tel siècle ou à tel pays? Non: en tout temps, partout, les crimes contre les personnes ou contre les propriétés ont soulevé la même indignation, provoqué les mêmes SENTIMENTS, le même acte. Or, sentir tient bien au cœur humain : ce n'est ni l'homme, ni la famille, ni la société, ou le SOUVERAIN défini par Rousseau, qui constitue ce *sentiment*.

Le Pouvoir ou Autorité se reconnaît à deux caractères distincts, tout à fait supérieurs, SURNATURELS : le RESPECT et l'OBÉISSANCE.

L'Autorité suppose nécessairement ces deux conditions, sans lesquelles on ne peut la concevoir.

Point de respect, point d'autorité. En étudiant le Pouvoir ou l'Autorité dans l'histoire des peuples, on reconnaît qu'elle inspire la crainte ou l'amour, la terreur ou la haine, selon son degré d'influence sur les hommes. Tyrannique, arbitraire, injuste, l'Autorité excitera tout à la fois la haine et la terreur; l'obéissance sera forcée. C'est le despotisme oriental ou les fureurs d'une démagogie ivre de sang et de domination. Juste, bienveillante, paternelle, l'Autorité se concilie le respect et l'amour des peuples. L'obéissance n'est point le joug d'une servitude humiliante ou oppressive; c'est l'assentiment légitime des intelligences à des actes conformes à la nature humaine. Les volontés ne résistent pas à l'action de la justice. Où serait le monde moral si les volontés refusaient universellement de s'incliner devant la justice?

Dans les idées populaires, chez les nations où le sens moral n'est point altéré, lerespect n'est point la servilité.

L'obéissance n'est pas l'esclavage.

L'hommage rendu aux grands de la terre, en tant qu'ils personnifient la justice, est un acte libre, spontané, qui honore ceux qui le rendent. C'est la reconnaissance d'un principe tutélaire. La nécessité de l'Autorité n'est jamais si bien sentie que dans les temps d'anarchie. Mais ce respect, cette obéissance ne sauraient être à l'abri des passions humaines. La déchéance morale de l'homme explique la résistance aux lois les plus saintes, aux préceptes divins.

L'orgueil résiste ; la volonté refuse quelquefois de se courber devant les décrets du pouvoir. Si le respect et l'obéissance sont les signes distinctifs du pouvoir, est-il possible d'admettre seulement un **POUVOIR-PRINCIPE?** Il donne la loi; il l'impose au nom de la justice. Cette loi est absolue. Elle doit être obéie. Qui la fera respecter ?

Dieu a donné les lois morales. Dieu s'est réservé la sanction de ces lois au terme de la vie humaine, déléguant en son nom le pouvoir aux chefs des peuples[1] pour faire régner la justice en ce monde, non la justice absolue, elle n'est pas dans la nature bornée de l'homme, mais la justice relative, afin que l'humanité puisse accomplir sa destinée.

A toute loi il faut une sanction. L'homme ne peut trouver sa récompense ici-bas. Les lois humaines ne sont qu'*une partie* de la justice divine, *partie* que j'appellerais volontiers la **JUSTICE NÉGATIVE**. Par **JUSTICE NÉGATIVE** j'entends l'action de l'Autorité empêchant l'*injustice* de triompher.

De là le caractère *prohibitif* des lois pénales. Les lois civiles elles-mêmes ne *récompensent pas;* le législateur humain *punit*, voilà la sanction. Par exception, les récompenses honorent quelques actions d'éclat, sorte de **JUSTICE HUMAINE** qui n'est point la *justice anticipée* de Dieu, mais qui résulte de préjugés ou d'un point d'honneur chez les peuples conquérants. **LE POUVOIR-PRINCIPE** ne serait qu'une utopie ou qu'une contradiction. En effet, le mot lui-même détermine l'idée. Qui est-

[1] *Perme reges regnant,* dit l'Écriture sainte.

ce qui a LE POUVOIR? C'est celui qui PEUT. Or, pouvoir implique nécessairement l'idée de la FORCE. Force intellectuelle, force morale, force physique, sont les trois termes qui expliquent clairement, nettement, cet ascendant d'un chef se faisant respecter et obéir. Ce n'est pas une idée métaphysique, une conception de rêveur que cette trinité d'attributs de l'Autorité :

Respect.

Obéissance.

Force.

Les hommes du peuple l'expliquent chaque jour, dans leur langage familier et énergique, avec une puissance irrésistible. Écoutez ces robustes paysans, ces ouvriers de nos grandes cités : ont-ils la science de Montesquieu, l'habileté sophistique de Rousseau? Ils ont trop de bon sens pour avoir tant d'esprit. Écoutez leur langage naïf : « Voilà un gou-« vernement qui ne durera pas longtemps ; il ne « sait pas se faire respecter. Tout le monde com-« mand, personne n'obéit. Il faut une bonne « tête pour gouverner. Quand on est chef de l'É-« tat, il faut de la fermeté ; autrement la machine « culbute, et puis encore des révolutions! Quand « donc aurons-nous un MAITRE qui saura nous « mener? Quand le gouvernement est fort, per-« sonne ne bouge, tout le monde est tranquille,

« on peut faire ses affaires, et chacun est heu-
« reux. » Voilà la politique du peuple de tous les
pays et de tous les temps. Il sait merveilleusement
qu'il doit respecter le pouvoir et lui obéir. Il sent
aussi bien que sans force l'obéissance est impossible. Or, pour le peuple, Autorité, Pouvoir, Gouvernement, Souverain, Roi, Empereur, Président,
Tribun, Dictateur ou Consul, peu importe le mot,
sont des termes identiques qui représentent le
même fait, la même chose à son esprit. C'est toujours le chef de l'État ou de la nation; et, sans
discuter sur le nom, le peuple comprend qu'il
doit obéissance au personnage revêtu d'un de
ces titres ou représentant l'idée exprimée par un
de ces noms.

VI

Attendite a falsis prophetis qui veniunt ad vos in vestimentis ovium, intrinsecùs autem sunt lupi rapaces : a fructibus eorum cognoscetis eos.

S. MATHIEU, ch. 7, v. 5.

«Toute puissance vient de Dieu[1],» dit Rousseau, après saint Paul. « *Non est potestas nisi a Deo.*» Le grand apôtre ne distingue pas ; le philosophe ne distingue pas davantage. Dans la pensée du philosophe chrétien, un pouvoir n'est légitime que parce qu'il vient de Dieu. Rousseau, moins conséquent, reconnaît aussi des puissances légitimes ; seulement il ne veut pas de la force, qui n'est pas un droit (il a raison), et ne reconnaît à aucun homme le droit de commander à un autre, ce qui est encore vrai : d'où il conclut que toute autorité repose sur les conventions, base de toute AUTORITÉ LÉGITIME PARMI LES HOMMES[2]. On a vu plus haut ce que renferme cette étrange doctrine

---

[1] *Contrat social*, liv. 1, ch. 3.
[2] *Id., ibid.*

qui procède par le sophisme pour conduire à l'absurde, d'où sort naturellement le despotisme ou l'anarchie, puisque le despotisme n'est que l'abus de la force ou le triomphe de l'injustice, et l'anarchie l'absence de toute autorité ou la servitude du plus faible.

L'école de Rousseau, de Montesquieu, est la justification de tous les crimes.

Cette théorie sauvage, affublée du manteau de la Liberté, est l'hypocrisie du vieux monde romain, sous la pourpre consulaire ou dictatoriale d'un Marius ou d'un Scylla, d'un Pompée ou d'un César, d'un Antoine ou d'un Octave.

Cette doctrine dégrade l'homme; elle substitue l'esclavage à l'obéissance, la volonté capricieuse et hautaine des ambitieux et des despotes à l'obéissance noble et élevée du devoir. La servitude est l'œuvre de l'homme, l'obéissance est la fille de Dieu. Je trouve celle-ci de meilleure maison, et je me mets à son service. Les parvenus sont plus durs que les gens de vieille race.

Entre le despotisme et l'anarchie, qui sont, au fond, de la même famille, et la liberté morale qui me vient de Dieu, comment hésiter? La noble origine de l'homme ne saurait être aussi puissante à nos yeux que Dieu même qui en est l'auteur.

C'est donc spontanément, c'est librement que,

reconnaissant ma dépendance, je salue avec respect et reconnaissance celui qui m'a créé; c'est donc dans toute la liberté de mon âme et de mon amour que je fais hommage à Dieu, du fond de ma conscience, de cette volonté que je tiens de sa bonté; c'est donc librement que je lui obéis. Cette loi de l'obéissance, loin de me dégrader, loin de m'humilier, m'élève et me fortifie; l'espérance, le courage, le dévouement, les plus nobles vertus, tous ces sentiments généreux renaissent dans l'âme sous le souffle inspirateur de cet esprit divin en qui et par qui tout vit et tout respire.

La grandeur, la force de l'homme n'est pas dans l'orgueil; la grandeur, la force de l'homme est dans l'humilité. L'humilité est la reconnaissance et l'accomplissement de la loi divine. L'homme n'arrive jamais plus près de son développement, de sa force et, par conséquent, de sa destinée, que par l'exécution libre et spontanée de la loi qui lui a été imposée. Qu'est-ce autre chose que l'obéissance? L'obéissance, base de toutes les sociétés, est la fille du devoir, comme la servitude est la fille du despotisme; asservir n'est pas gouverner. L'esclave dans les chaînes n'obéit pas; c'est une machine qui exécute sans réplique, sans discernement et sans réflexion, la volonté du maître que l'injustice lui a imposé.

La liberté vient de Dieu, l'esclavage vient des hommes.

La liberté et l'obéissance ne sont pas deux idées contradictoires. Qu'est-ce qu'obéir, suivant la valeur du mot lui-même? n'est-ce pas se montrer déférent, n'est-ce pas écouter la voix du devoir? OBEDIRE (OB AUDIO), OBEDIENTIA (OB AUDIENTIA). C'est l'attention, n'est-ce pas le langage populaire? l'idée naturelle, l'idée de la vie pratique. « Cet enfant *n'obéit pas,* disent les gens du peuple, cet enfant *n'écoute pas.* » *Écouter, obéir,* sont deux termes qui représentent au fond la même idée pour l'homme chez qui le sens moral n'est pas étouffé. L'obéissance suppose la liberté, l'esclavage exclut toute idée d'obéissance volontaire. Le châtiment d'un despote ne laisse pas le temps de délibérer; c'est moins l'obéissance que l'exécution passive qu'il commande. Pour lui, point de pitié. Insensible à la voix de la justice, il n'établit aucune différence entre l'esclave qui le sert à table et la bête de somme qui traîne sa voiture. « A Rome, dit Montesquieu[1], dans le tort fait à « un esclave, on ne considérait que l'intérêt du « maître; on confondait sous l'action de la loi « Aquilienne la blessure faite à une bête et celle « faite à un esclave: on n'avait attention qu'à la

______

[1] *Esprit des Lois,* liv. 17, ch. 15.

« diminution de leur prix. » Ces fiers républicains de l'antiquité n'avaient inventé la liberté
qu'à leur profit ; ils s'en servaient pour dépouiller
leurs voisins et asservir leurs concitoyens. Jamais
tyrannie, pas même celle des Perses, ne pesa aussi
lourdement sur le monde que le sceptre du sénat
romain ; consulat, dictature, tribunat, ne sont
que des noms divers qui cachent la même idée, la
même âpreté de ces cruels tyrans dont l'orgueil
était sans bornes, et l'avarice luxueuse le caractère
indélébile. La royauté les contenait dans le devoir ;
ils la détruisent au nom de la liberté, et Rome au
lieu d'un maître en a cinq cents. A la tyrannie
d'un seul, succède la tyrannie du nombre, la pire
et la plus implacable des tyrannies.

De là ces guerres injustes. Il faut se hâter d'a-
grandir la cité éternelle : prolétaires, citoyens
obscurs, esclaves, à l'œuvre ! les maîtres du monde
attendent en frémissant ces trésors de l'Asie, ces
richesses de l'Afrique, qui doivent faire leurs délices.

C'est sur l'histoire de ce peuple, c'est sur la parole du premier historien de Rome que je m'appuie : « Ce fut, au dire de Tacite [1], une ancienne

---

[1] Vie d'Agricola, ch. 14. « *Vetere ac jam pridem receptâ po-
puli romani consuetudine, ut haberet instrumenta servitudinis et
reges.* »

« politique des Romains, d'employer les rois eux-
« mêmes pour asservir les peuples. » Étrange
politique qui s'impose au monde ancien pour ne
faire de l'univers qu'un peuple d'esclaves ! Toute
la civilisation antique, ou, pour employer une
expression plus juste, toute la culture de l'esprit
humain, telle que l'avait conçue et enseignée le
génie païen des Grecs, des Perses, des peuples de
l'Afrique ; toute la puissance morale et politique
de ce vieux monde tombe à la voix de douze
rustres ignorants qui ont pour armes une croix,
pour force la parole divine, pour maître le Christ,
pour trésor la pauvreté et le dévouement.

La liberté des anciens fut le privilége de l'oppression d'une imperceptible minorité contre des
millions d'hommes. La Grèce et Rome, qu'on nous
a tant vantées, qu'ont-elles laissé dans leurs trans-
formations ? Le souvenir de tous les abus, le tableau
d'une domination longue et injuste ; à côté de la
liberté, l'esclavage écrit dans les lois, plus cruel
encore dans la vie réelle, où les victimes de cette
tyrannie politique n'avaient pas même la conso-
lation de se voir comparer aux animaux de luxe !

Domination et servitude sont les deux pôles de
cette prétendue civilisation barbare où voudraient
nous replonger les utopistes de l'école moderne.
Les ténèbres qui couvraient les iniquités des répu-

bliques anciennes se sont dissipées aux rayons du christianisme. La loi de Dieu, dans une nouvelle révélation, a tracé la voie de la liberté; c'est là que l'humanité doit marcher. En dehors de cette grande et unique civilisation du christianisme, qu'y a-t-il? le despotisme et l'esclavage.

Là seulement règne la justice; là seulement sont les puissances légitimes. Comment Rousseau et Montesquieu n'ont-ils pas vu, en étudiant le génie des législations anciennes et les mœurs barbares de ces peuples du vieux monde, que l'Autorité n'avait ni compris ni cherché la règle du devoir, et qu'en substituant les instincts d'un sensualisme grossier et les appétits d'une avarice héréditaire et insatiable à la charité, elle avait effacé tout sentiment généreux, détruit toute idée de fraternité, et réduit l'humanité à un vaste troupeau destiné aux jouissances d'un petit nombre d'élus? La charité est un mot inconnu dans l'antiquité; ce mot est chrétien, car l'idée est chrétienne. La philanthropie des Grecs et des Romains pouvait valoir la philanthropie des modernes, c'est-à-dire l'égoïsme déguisé ou la vanité d'une générosité calculée.

Supprimez les deux premiers siècles de Rome, où la pauvreté fut, non une vertu, mais une nécessité, que reste-t-il de cette longue domination d'une aristocratie impitoyable? Depuis Coriolan jusqu'à la chute de l'Empire romain, conquêtes et pillage au dehors; oppression et misère au dedans.

Consuls, dictateurs, tribuns, généraux, préteurs, gouverneurs, proconsuls, les uns à l'intérieur, les autres dans les provinces conquises, se partagent les dépouilles du monde, en attendant que les Barbares viennent à leur tour redemander à ce Peuple-Roi les trésors et les richesses que son avarice avait entassés dans ces palais et dans ces temples dont les ruines étonnent encore le voyageur moderne.

La justice est la fin de tous les gouvernements, elle seule légitime l'autorité; en dehors de la justice, le pouvoir n'a pas de raison d'être. La force constitue l'oppression, si elle n'a pour effet direct et immédiat d'empêcher le puissant d'écraser le faible. Plus on étudie les gouvernements de l'antiquité, plus la vérité de cet axiome éclate et saute aux yeux. Un tiraillement perpétuel entre les gouvernants et les gouvernés, une lutte incessante entre les compétiteurs qui se disputent la domination au nom de la liberté; une cruauté implacable et systématique chez la plupart des chefs qui, sous divers noms, ont tracé la loi aux républiques anciennes; la guerre permanente de cité à cité, de peuple à peuple; la division légale de l'humanité en exploitants et en exploités; des maîtres impitoyables et des esclaves abrutis et dégradés; l'homme ramené par principes, et par la philosophie la plus élevée des Grecs et des Romains, à *l'état de chose*, tel est le tableau moral et politique que consacrent tous les monuments historiques du monde ancien.

VII

*In manu Dei potestas terræ, et
utilem rectorem suscitabit in tem-
pus super illam.*
    ECCLESIASTIC., ch. **x**, v. 4.

L'Autorité, disons-nous, n'a de raison d'être que pour maintenir la justice; car, suivant la remarque de Bossuet, « la vraie fin de la politique est de « rendre la vie commode et les peuples heureux [1]. »

L'Autorité a revêtu diverses formes, suivant les mœurs, les peuples, les pays et les époques. Ces formes ont été souvent confondues dans l'esprit des peuples avec le fond même. Ici le fond ou la source de l'autorité sont deux choses identiques dans ma pensée.

Les systèmes politiques peuvent varier; ils varient par le fait. Ici la monarchie, ailleurs l'aristocratie; là la démocratie, dans un autre pays le régime constitutionnel. A Rome un sénat, en Amérique des chambres. En Angleterre une royauté et

[1] *Discours sur l'Histoire universelle.*

un parlement, partie populaire, partie aristocratique ; mais en résumé, quand on pénètre à la source
même du Pouvoir, l'histoire, d'accord avec la raison, nous montre deux grandes artères où vient
circuler la vie politique, d'où découle la vie sociale :
l'ÉLECTION et l'HÉRÉDITÉ. En d'autres termes, pour
poser nettement, clairement la question, il s'agit
de savoir si le Pouvoir ou l'Autorité *se donne* ou *se
prend*.

Rousseau convient que TOUTE PUISSANCE VIENT
DE DIEU ; mais, inconséquent dans ses principes,
il fait reposer le pouvoir sur les *conventions*. Une
grande partie des publicistes modernes acceptent
la théorie de Rousseau, sinon dans le principe, du
moins dans les conséquences.

De là l'HÉRÉDITÉ d'une part, et la SOUVERAINETÉ
POPULAIRE d'autre part, ou, si l'on veut, le DROIT
DIVIN et la *souveraineté du peuple*.

Il n'y a pas d'intermédiaire entre ces deux for-
mules, dont je vais essayer d'examiner la valeur,
en priant le lecteur de ne pas perdre de vue les
principes qui précèdent dans ce travail et les so-
lutions qui nous permettent, d'accord avec la raison, le témoignage des hommes et les données
historiques, de résumer en deux propositions toute
la théorie qui nous sert de point de départ pour
cette nouvelle solution.

1° La famille et la société, liées par un point indissoluble, puisque la seconde procède de la première, sont deux faits, d'institution divine, aussi incontestables que deux et deux font quatre.

2° L'autorité du père sur les enfants vient de Dieu, puisqu'elle est dans la nature des choses; et, de même que l'autorité dans la famille est un fait divin, l'autorité est un fait divin dans la société, puisque cette autorité n'a pas d'autre but que le maintien de la société, comme elle est nécessaire à la conservation de la famille.

D'où je conclus, sous réserve de démonstration, que la question peut se résoudre en ces termes :

Le POUVOIR SE PREND et NE SE DONNE PAS.

Il y a un principe physiologique des êtres qui constitue une loi absolue, universelle, incontestée et incontestable : « Tout être reproduit un être semblable à lui-même. » L'homme reproduit l'homme, le cheval reproduit le cheval, le chêne reproduit le chêne, et un être, quel qu'il soit, ne peut reproduire qu'un être de son espèce. Loi admirable qui maintient par un accord mystérieux l'harmonie dans tous les règnes de la nature, sous toutes les latitudes, depuis l'humble insecte imperceptible jusqu'aux monstres qui rugissent dans les antres de l'Afrique, pour apprendre à l'homme qu'il n'est le roi de la création que par l'intelligence qui le place entre Dieu et les autres animaux.

L'homme donc ne saurait donner que ce qu'il possède. La force procède de la force, l'intelligence de l'intelligence; et, de même qu'un être vicié reproduit un être vicié, une intelligence corrompue, incomplète, pourrait-elle, dans l'ordre moral, reproduire la vérité sans l'altérer?

La déchéance de l'humanité est un mystère impénétrable : elle est au-dessus de la raison. Elle n'est pas en contradiction avec la raison. L'homme souffre chaque jour dans sa réputation d'une tache originelle de famille. Le fils d'un assassin, le frère d'un galérien, le petit-fils d'un grand criminel, sont innocents suivant les lois humaines. Dans le langage vulgaire, les fautes sont personnelles comme le mérite. J'interroge ici le bon sens populaire et non la passion : n'est-il pas certains noms qui réveillent involontairement, même chez les hommes les plus inaccessibles à ce qu'on appelle le préjugé, de douloureux souvenirs? N'en est-il pas d'autres qui rappellent également les plus nobles dévouements, les plus nobles illustrations de la vertu ou de la gloire ? Quelle est la faute d'un enfant illégitime? quel est son crime ? Sur son front est écrite la faute de sa mère. Veut-on l'humilier : « C'est un bâtard! » Voilà ce qu'on lui jette d'un ton de mépris. La déchéance morale, la grandeur morale ne sont pas un préjugé; c'est un trait de notre nature, gravé en caractères ineffaçables chez tous les hommes et chez tous les peuples. Mystère! Je le veux bien; mais qu'est-ce qui n'est pas mystère dans la nature?

On peut donner ce qu'on a, on ne peut donner que ce qu'on a, à plus forte raison on ne peut donner ce qu'on n'a pas.

En d'autres termes, pour appliquer ces prémisses à la question qui nous occupe, nul ne peut donner le pouvoir ou l'autorité s'il n'a lui-même ce pouvoir ou cette autorité.

L'Autorité, dans l'ordre social ou politique, est l'ascendant intellectuel ou moral d'un individu sur ses semblables; cet ascendant s'exerce naturellement, sans contrainte, jusqu'au moment où celui qui l'exerce le perd par les causes mêmes qui le produisent.

Pour me conformer aux idées reçues, examinons les trois systèmes que l'école moderne a consacrés tour à tour: le *dogme de la légitimité*, le *dogme de la souveraineté nationale*, et, enfin, le *dogme de la souveraineté du peuple*.

Aucun ne résiste à la discussion, dans les termes où les partisans de ces théories les ont placés.

Ces deux derniers systèmes, malgré le talent de ceux qui les ont défendus, rentrent évidemment l'un dans l'autre. Cependant l'ÉCOLE CONSTITUTION- NELLE, sortie de la SOUVERAINETÉ NATIONALE, mérite un examen sérieux, moins pour la solidité de sa doctrine que pour les grands noms qu'elle compte à son service. Ici, plus que jamais, que le lecteur daigne remarquer l'idée que j'attache au Pouvoir ou à l'Autorité. Ce n'est pas le NOM, c'est le FAIT ou l'IDÉE qui constitue le POUVOIR ou la PUISSANCE. Si le NOM et le FAIT vont ensemble, tant mieux, le pouvoir est à sa place. L'histoire va nous répon- dre ; mais reprenons notre discussion.

Ou la SOUVERAINETÉ NATIONALE exprime tous les membres d'un même peuple, et alors la formule n'a pas de sens, car on n'est pas supérieur de soi- même, et on ne se commande pas à soi-même, pas plus qu'on n'*obéit à soi-même*, quoi qu'en dise Rousseau dans son *Contrat social;*

Ou bien *souveraineté nationale* signifie que la puissance, l'autorité, est et vient du peuple ; et j'ai raison de dire que les deux systèmes rentrent l'un dans l'autre ;

Ou, enfin, pour répondre aux objections les plus spécieuses, cela veut dire qu'une nation NOMME et CHOISIT le POUVOIR ou l'AUTORITÉ, ce qui implique contradiction dans les termes, puisque tout Pouvoir, toute Autorité s'impose, sous peine de n'être ni Pouvoir ni Autorité; de sorte que le *pouvoir consenti* rentre essentiellement dans l'*autorité du nombre* ou la *souveraineté du peuple*. Or, le nombre n'a jamais donné le pouvoir, même dans les démocraties anciennes, si vantées de nos jours, parce qu'on n'a pas voulu se donner la peine d'étudier les faits, soit dans le passé, soit dans les temps modernes. Chose étrange! l'homme d'esprit qui a écrit ces mots : « Pouvoir consenti, » ne s'est pas aperçu qu'il y a contradiction dans les termes et absurdité dans l'idée, comme disent les mathématiciens.

Vous n'y êtes pas, reprend-on : « souveraineté « nationale signifie qu'une nation s'appartient à « elle-même. Le Pouvoir lui appartient donc, « puisque nul ne peut en disposer sans son con- « sentement. Qui oserait soutenir qu'un roi, un « prince, un empereur, un chef, quelque nom « qu'on lui donne, puisse traiter un peuple comme « un propriétaire traite de sa ferme? Il est donc « vrai de dire que la souveraineté nationale n'est « pas un vain mot. N'a-t-elle pas des droits ac- « quis, des lois, des mœurs, une religion, un ter- « ritoire, tout ce qui constitue la vie et le carac- « tère d'une nation? Or, un peuple peut-il avoir « d'autre maître que lui-même ? »

Je réponds que c'est mal poser la question. Ces droits acquis, ces lois, ces mœurs, cette religion, ce territoire, cette nation, en un mot, ne s'est pas formée de pièces et de morceaux comme un édifice dont on superpose les pierres les unes sur les autres; puis, quand les murs sont élevés, on place le dôme, le toit. Non, une nation, comme la société dont elle est la valeur identique, quant à la similitude, s'est formée avec les conditions simultanées de RELIGION, FAMILLE et PROPRIÉTÉ, les trois termes indissolubles de toute société, très-différente d'une réunion, d'une agrégation pour un objet déterminé, telle qu'une colonie *temporaire* ou une armée. Il est donc vrai de dire que le Pouvoir ou l'Autorité, implicitement et nécessairement renfermé dans la famille et la religion, n'est point sorti de ce qu'on appelle la *souveraineté nationale*, pas plus que de la *souveraineté du peuple* ou souveraineté du nombre.

—Pourquoi? — Daignez réfléchir sur la nature même du Pouvoir ou de l'Autorité. Ce mot, avons-nous dit, suppose la *puissance*, la *faculté* de faire; il implique la *supériorité*, soit *intellectuelle*, soit *morale*, soit même *physique*.

Supériorité ou force sont deux termes ou deux idées identiques.

Eh bien! n'est-ce pas l'intelligence qui domine

le monde? n'est-ce pas de l'intelligence que procède toute supériorité d'un homme sur les autres hommes? n'est-ce pas de l'âme, du cœur, que sort le courage, la force de caractère, ce qui constitue la force morale?

C'est bien l'intelligence qui préside à l'univers. C'est bien l'intelligence qui *conçoit*, qui *délibère*, qui *gouverne*. N'est-ce pas la direction des âmes, des volontés, et surtout des intelligences, qui forme ce qu'on appelle le Gouvernement? Le Gouvernement ou l'Autorité appartient donc naturellement à ceux qui ont le plus d'intelligence.

N'est-ce pas par l'intelligence qu'un homme domine son siècle, qu'il IMPOSE SES IDÉES, et qu'il arrive au pouvoir ou à l'autorité?

Suivez bien les divers phénomènes et les quelques faits, pris entre mille, que nous allons examiner.

Un grand écrivain, un grand orateur, un grand poète, sont-ils étrangers à la direction des idées, au mouvement social d'un peuple et d'une époque? Qui signale un homme à l'attention publique? Ce n'est ni son nom, ni sa fortune, si, jusqu'au moment où il produit, il était inconnu. Tout à coup il paraît, un livre à la main; il s'empare de l'opinion; on le lit, on le commente, on l'admire; il a saisi, d'un trait de génie, la grande route où

marche l'humanité. Ses compatriotes s'enthou-
siasment; à l'honneur d'être le premier, se joint
pour lui la considération morale, la puissance irrésistible du génie ; on le considère, on le consulte,
sa voix est un oracle. Cet homme domine, il gouverne l'opinion; on ne pense, on ne parle et on
n'agit que par lui. Il prend l'ascendant que donne
la force intellectuelle, il est maître des âmes, il
règne sans conteste sur les intelligences. C'est bien
là le Pouvoir ou l'Autorité, dans le sens élevé et
légitime du mot. Un sourd murmure s'élève dans
le peuple ; bientôt sa personne devient plus dis-
tincte. On ne s'arrête plus à l'idée, à la puissance
de sa pensée; on désigne son individualité. « C'est
le premier écrivain du siècle, c'est le grand penseur qui s'est asservi les âmes, c'est l'orateur qui
résume les besoins et les tendances de sa patrie ; il
les connaît mieux, il les comprend mieux. » Tout
le monde se tourne vers lui, se conduit et se gouverne d'après lui; on le proclame le premier entre
tous les hommes. On admire son génie, on désire
voir sa personne, et, comme la première marque
du respect est la déférence ou l'obéissance, chacun
s'empresse de suivre ses conseils et de RECONNAITRE
son pouvoir ou son autorité. Or, faire autorité,
c'est bien avoir l'Autorité. Le langage pratique n'a

pas d'autre sens ; ici, les faits et la métaphysique sont d'accord.

La guerre éclate, un général s'y distingue ; sa bravoure, son génie militaire, ont pour juges les soldats de son armée, ses juges naturels. Les ennemis eux-mêmes, ses vaincus ou ses vainqueurs, car il y a des défaites glorieuses, le proclament un grand homme de guerre. Sa renommée grandit en descendant dans les masses. Sur qui se portent les regards, l'espérance de la patrie, dans les jours de danger ? n'est-ce pas sur cet homme qui s'est distingué dans les batailles ? n'est-il pas le drapeau sous lequel viennent se ranger spontanément, avec cette confiance qui double et triple la force d'une armée, les défenseurs de la patrie menacée ? Voilà donc un chef d'armée, l'espérance de tous les partis, proclamé l'homme nécessaire dans le péril commun ! C'est bien là le Pouvoir, c'est bien là l'ascendant moral, la supériorité du génie et du courage, double mérite aux yeux des peuples ; caractère sacré devant lequel ils s'inclinent, qu'ils honorent, qu'ils respectent, et auquel ils obéissent librement. C'est bien là l'Autorité, ou le mot n'a plus de sens.

Eh bien ! qui a fait le grand écrivain ? qui a créé le grand orateur, le grand poète ?

Qui a fait le grand général ? qui lui a donné le

génie de la guerre, le courage qui exécute, le sang-
froid qui le rend maître de ses facultés et d'une
position?

Qui? Une nation? la Souveraineté nationale?
la Souveraineté du Peuple?

Est-il donné à un peuple, à une génération entière de former un grand homme? Où est le Richelieu du xixe siècle, en France, en Europe
même? Où est le Colbert? Où est l'homme de
guerre qui rappelle le génie de Napoléon?

Voyez entrer ce triomphateur à la tête de ses
légions victorieuses; demandez son nom à la foule.
Elle vous dira ses combats et ses victoires. C'est
lui qui, dans les plaines de l'Italie, triomphait des
armées autrichiennes. C'est lui qui gagnait la bataille de Marengo! Il porte la gloire et la puissance
de ses armes sur les bords du Nil. Pour lui point
de nation qui ne vienne saluer son génie. Le monde
admire son nom. La France l'attendait au fond
des cachots. Le crime s'arrête devant son épée.
Nouvel Alexandre, il réunit autour de son sceptre
les membres épars de la vieille civilisation. Du
palais des anciens Rois, le premier des nouveaux
Triumvirs dicte la paix et la guerre. L'Europe détourne un moment les regards du spectre hideux
qu'avait dressé la hache révolutionnaire, pour contempler en silence ce héros de vingt-neuf ans que

le génie des combats a porté sur le trône de la première dynastie de l'Occident! La nation le salue avec reconnaissance. Le respect et l'obéissance entourent le berceau de sa gloire. La France s'asseoit un moment à l'ombre de son nom. Elle respire enfin sous la main vigilante qui tient les rênes du gouvernement. Car c'est bien un pouvoir que ce guerrier, dont le nom vit dans la mémoire des hommes plus grand qu'au jour de la victoire. C'est bien ce nom, qui, après trente ans, apporte du fond de la tombe, sur la tête d'un neveu, cette acclamation populaire, la plus imposante dont l'histoire ait conservé les traces.

Les partisans de la souveraineté du peuple ont pris l'effet pour la cause. De là l'erreur de cette école, qui place la souveraineté dans le nombre. Comme si le nombre pouvait gouverner! Comme s'il avait jamais gouverné! Prenez les républiques anciennes, Athènes, Sparte et Thèbes! j'y trouve l'autorité s'appelant royauté, archontat perpétuel, archontat décennal, archontat annuel, puis enfin un gouvernement qui n'a pas de nom dans la langue moderne, qu'on appellera aristocratie, oligarchie, démocratie ou tyrannie, peu importe le nom. C'est, je le reconnais, l'époque glorieuse d'Athènes. Miltiade, Thémistocle, Cimon, Aristide, Périclès, Alcibiade sont puissants tour-à-tour, suivant la passion du moment, mobile comme le caractère grec, dont elle n'était que l'image quand elle exilait ses grands hommes, coupables à ses yeux d'être trop grands.

. Ces petites républiques furent, à toutes les époques de leur fiévreuse existence, des modèles de despotique tyrannie et de servitude dégradante. Je ne croirai jamais à la souveraineté et à la liberté d'un peuple d'esclaves! Qu'on me montre autre chose à Athènes, à Sparte et à Thèbes, depuis la mort de Codrus, en 1070, jusqu'à l'asservissement de la Grèce par les Romains!

La république romaine succède à la royauté! A la place des rois, des consuls, des dictateurs et des tribuns! On change le nom; la chose, le fait, l'Autorité reste. La royauté pouvait être héréditaire, ou élective. On verra, par l'analyse plus sérieuse du principe d'autorité, que son origine ne varie pas dans son essence. La royauté dure 244 ans à Rome.

De 244 à 260, l'autorité change trois fois de nom. Les maîtres de Rome s'appellent successivement consuls, dictateurs, tribuns.

Le Peuple-Roi se donne des maîtres, comme dirait Rousseau. Seulement ces maîtres sont si durs, que l'oppression des créanciers, la tyrannie du sénat et des nobles le forcent de se retirer sur le

Mont-Sacré ! Des ambitieux habiles lui prouvent qu'il doit se révolter pour être libre. Les tribuns seront les défenseurs de ce Souverain, qui défère le pouvoir pour se protéger ! Quelle dérision ! Voilà un peuple qui s'aperçoit un peu tard qu'il est le jouet d'une aristocratie orgueilleuse, dure, avare jusqu'à la cruauté, et il accepte le joug de maîtres qui ont sur lui *droit* de vie et *de mort !* Les dictateurs avaient ce droit, ils en usaient et pouvaient en abuser.

Je n'entends point contester la bravoure et le patriotisme des anciens Romains. Ces sublimes esclaves qu'on asservit sous le titre *égalitaire* (je me conforme au jargon de mon siècle), de *citoyens romains*, soumettent au joug d'un patriciat insolent, en moins de trois cents ans, les peuples de l'Italie. Les Gaulois, les Cimbres et les Teutons sont défaits. Carthage succombe après une lutte héroïque. Moins de deux mille citoyens possèdent les trésors, les richesses des provinces conquises. Plus d'un million d'habitants sont dans la plus affreuse misère dans cette ville de Rome, où un Crassus, un Métellus, un César, élèvent des palais plus splendides que les palais des rois de Perse. Prenez Rome de 244 à 730, pendant les cinq cents ans qu'elle conserve la forme républicaine ; qu'y trouvez-vous en fait de liberté et d'égalité ?

Les consuls ne peuvent être pris que parmi les sénateurs. Les tribuns, qui doivent protéger le peuple, ne sortent point de son sein. Les grands se disputent l'Autorité sous des noms divers. Comme le peuple est un élément de force, ils s'en servent pour se renverser mutuellement et déclarer en son nom que l'esclavage est de l'essence d'un gouvernement libre! Il est vrai que les hardis tribuns qui exploitaient le peuple et le faisaient agir suivant leurs intérêts et leur ambition, loin de contester son autorité, lui criaient bien haut qu'il était souverain.

Le peuple souverain ! apparemment que le mot a une signification sociale ou politique.

L'idée de souveraineté implique l'idée de suprématie, de supériorité, ou bien la souveraineté ne veut rien dire.

Si le peuple est souverain, s'il est, en fait d'Autorité, soit dans l'ordre social ou politique, une Autorité ANTÉRIEURE et SUPÉRIEURE, suivant le langage consacré par l'école de nos jours, il est bien étrange qu'il ait constamment porté le joug depuis le commencement du monde; il est bien plus étrange encore qu'il n'ait pas eu de maîtres plus stupides et plus despotes que les courtisans de sa souveraineté[1].

<hr>

[1] Je ne connais pas d'argument plus fort contre les opinions

La souveraineté, disons-nous, suppose la suprématie, la supériorité, au moins d'une certaine façon, et selon la démocratie la moins contestée : « La *souveraineté* signifie le pouvoir suprême, celui duquel tous les autres pouvoirs dérivent[1]. »

Eh bien ! Peuple et Souverain sont l'expression des deux idées contradictoires. Peuple signifie nation, dans un sens général, comme on dit le peuple français, la nation espagnole, le peuple allemand. Ce n'est pas en ce sens que les véritables démagogues de toutes les écoles

populaires et la volonté des masses que celui de Cicéron, dont j'extrais le passage suivant : « Que si les volontés des peuples, les décrets des chefs de l'État, les sentences des juges fondaient le droit, le vol serait de droit; l'adultère, les faux testaments seraient de droit, dès qu'on aurait l'appui des suffrages ou des votes de la multitude. S'il y a dans les jugements et les volontés des ignorants une telle autorité que leurs suffrages subvertissent la nature des choses, pourquoi ne décrètent-ils pas que ce qui est mauvais et pernicieux soit à l'avenir tenu pour bon et salutaire? Et pourquoi la loi qui de l'injuste peut faire le juste, d'un mal ne pourrait-elle pas faire un bien? C'est que nous avons, pour distinguer une bonne loi d'une mauvaise, une règle, une seule règle, la nature. Et non-seulement le droit se distingue d'après la nature, mais encore l'honnête et le honteux en général; car c'est une notion que le sens commun nous donne et dont il a ébauché les éléments dans nos esprits, que celle qui place l'honnêteté dans la vertu et la honte dans le vice. Or, cette notion, la faire dépendre de l'opinion au lieu de la placer dans la nature, c'est une démence. »

CICÉRON, *De Legibus*, ch. 16. Édition de M. Le Clerc, de l'Institut.

[1] M. Louis Blanc, *Plus de Girondins*, p. 35.

et de tous les siècles l'ont entendu. Pour ces courtisans plats d'une multitude hébétée, si ardents contempteurs 'du Pouvoir parce qu'ils ne l'ont pas, le mot Peuple exprime la partie infime, les bas-fonds de la société, cette espèce de résidu puant qu'on trouve dans toutes les grandes cités, qui sort des caves et des bouges quand il sent l'odeur des révolutions et le parfum du pillage, comme ces bêtes féroces qui se mettent à la piste du voyageur quand les ombres de la nuit protégent leur instinct cruel et carnassier. Cette partie d'un peuple est toujours prête au premier signal, elle est à la merci du premier charlatan qui lui promet la *vie à bon marché*. La *vie à bon marché*, pour ce *souverain* si complaisant, c'est la *vie à rien faire*, excepté *à faire bonne chère*. Tout entière aux jouissances animales, à ces instincts de la brute, la démagogie, dans le sens pratique du mot, n'est que le vice le plus hideux en action ; c'est la négation de tous les principes et la réalisation du matérialisme des Sybarites. Elle se compose de tous les malfaiteurs que la débauche et la paresse peuvent enfanter. Quiconque sympathise avec ces êtres dégradés en leur promettant secours et direction, est certain d'avance d'un concours d'autant plus ardent que la curée sera plus considérable. Il y a toujours eu, il y aura toujours de ces misérables dignes de mépris, peut-être aussi de pitié ! Combien d'âmes, au milieu de ces malheureux, qui ont à peine l'idée de Dieu, et qui jamais n'ont entendu un mot du devoir, pour qui la vie s'est écoulée, depuis le berceau jusqu'à la tombe, entre le spectacle des immoralités de la famille et le langage cynique et dégradant des MAISONS INNOMMÉES, qui sont, dans les grandes villes, le réceptacle de toutes les existences abandonnées !

Pour accepter un pareil SOUVERAIN, il faut renoncer au bon sens et à l'honneur.

La souveraineté nationale a donné naissance à la théorie de la DÉLÉGATION, d'où est sorti tout le système constitutionnel européen.

Cette théorie compte de nombreux partisans, et des hommes considérables dans nos anciennes assemblées nationales. A l'ombre de la DÉLÉGATION, on s'imagine effacer la souveraineté populaire et sauvegarder la légitimité d'un pouvoir de *fait*, pour l'opposer à un *pouvoir-principe*. N'est-ce pas tourner dans un cercle vicieux et faire une pétition de principe pour tâcher de se voiler la partie faible du raisonnement ?

Admettons un moment, par respect pour des hommes de talent qui l'ont soutenue, cette prétendue délégation. Voyons ce qui en sortira.

On reconnaît en France, outre le parti républicain qui s'est montré impuissant, et le socialisme, qui a la prétention d'être un parti, mais qui n'est pas plus un parti politique qu'une réunion de bandits et de scélérats n'est une société ; ni un gouvernement, puisque le socialisme n'en veut pas [1], on reconnaît généralement trois prétendants à la couronne de France : la branche des Bourbons, dans la personne du comte de Chambord ; la famille d'Orléans, dans la personne du jeune comte de Paris ; la famille Bonaparte, dans la personne du prince Louis-Napoléon, que j'appelle, sans craindre d'être accusé de flatterie, l'homme de la situation [2].

Supposez ces trois familles exilées (deux le sont déjà) ou même éteintes, ce qui ne répugne nullement à la raison ; faites que la France soit ce qu'elle a été en réalité le 24 février 1848, un corps sans âme, un vaisseau sans gouvernail, une flotte sans amiral, une maison sans maître, une nation sans chef, une terre vierge sans propriétaire ; à qui appartiendra le Pouvoir ? à qui appartiendra l'Autorité dans cette hypothèse qui s'est présentée en Belgique le 26 septembre 1830, et dans cent autres

[1] Voir les publications démagogiques depuis 1848, et notamment MM. Pierre Leroux, Proudhon, etc.

[2] Cet ouvrage était écrit il y a seize mois, avant le départ de l'auteur pour l'Italie. Les principes ne changent pas quand ils sont en dehors des partis et des dynasties.

circonstances identiques dans l'histoire du monde ?

Je réponds sans hésiter : Le Pouvoir appartiendra LÉGITIMEMENT, comme la terre, *primo occupanti*, AU PREMIER OCCUPANT. Si la *prise de possession est le commencement de la propriété, la prise de possession du Pouvoir* en est la condition nécessaire.

Laissons les utopies et les sophismes des politiques qui veulent des gouvernements *à priori*, pour considérer le fait, c'est-à-dire ce qui se passe en réalité dans la vie et l'histoire des peuples.

Voilà donc la France sans dynastie, ou tel pays du monde qu'on voudra supposer : que va-t-il se passer ? Un peuple peut-il vivre sans autorité ? Cette hypothèse est absurde et contraire au bon sens ; je ne la discute pas, car l'évidence ne se prouve pas.

L'homme le plus résolu, le mieux posé, le plus intelligent ou le plus ambitieux, si l'on veut, dira à ses concitoyens : « La France, le pays, a besoin d'un chef, il faut en *choisir* un ; » mais cet acte même par lequel il s'adresse aux grands du pays, au peuple tout entier, est déjà un *acte d'autorité*, car la délégation ne peut se faire que sur une convocation ; or, la convocation est un *ordre*.

Mais, dit-on, ce sont les NOTABLES qui convoqueront les comices. Soit ; mais comprend-on bien la portée de ce mot, NOTABLES? Ce sont déjà des hommes qui ont l'autorité, au moins sociale et morale, probablement même intellectuelle ; autrement ils ne seraient ni écoutés ni obéis ; car, qui dit *notable* dit un homme *remarqué*, un homme *marquant, supérieur* à certains égards, sur qui se porte l'attention. Voilà les faits, dégagés de toute phraséologie, dans toute leur simplicité, mais irréfutables comme exactitude et expression de la vérité.

Or, parmi ces *notables*, n'est-il point à craindre ou au moins à supposer qu'il s'en trouvera un *plus notable* que les autres?

Qui sera *choisi* ou *nommé*, comme disent un grand nombre de publicistes modernes? L'homme le plus digne, le plus intelligent, au moins le *plus connu* : nous disons connu ; il est évident que les suffrages ne se portent pas sur un nom inconnu : « *ignoti nulla cupido*, » voilà la base la plus large, c'est le suffrage universel.

Mais, dans cette hypothèse, *qui aura convoqué* les comices? *qui aura prescrit* le *mode de réunion*, le *mode d'action?* Ce *qui*, qu'est-il? n'est-ce pas déjà un Pouvoir?

Un *gouvernement provisoire* aura ordonné les réunions préparatoires! Prenez garde : je crains bien que le gouvernement provisoire, à moins qu'il ne soit pas un gouvernement, ne garde le pouvoir, car il *l'a*, puisqu'il est gouvernement provisoire ; et alors, vos comices, votre assemblée, ne seront qu'un jouet entre ses mains; ou bien le pouvoir tombera fatalement entre les mains du plus habile, non de votre consentement, mais contre votre gré, comme il arrive toujours en pareille circonstance.

Cette DÉLÉGATION n'a existé en réalité que dans l'imagination des philosophes ou les rêveries gouvernementales des publicistes qui n'ont jamais vu administrer, pratiquement et politiquement parlant, le plus humble village de France.

On s'explique que le chef d'un État, un Pouvoir qui a vécu régulièrement, s'efforce d'asseoir sa base dans les profondeurs de la société, de la nation qu'il gouverne. C'est un arbre qui étend ses racines avec le temps ; plus il vieillit, plus il pénètre avant dans les entrailles mêmes du sol social et politique ; en retour, ses branches se développent et couvrent d'un ombrage tutélaire la terre dont il tire la vie, le développement et la force.

Ne pouvant faire exécuter les lois qu'il impose, les décrets qu'il promulgue, qu'à l'aide de ministres et de fonctionnaires, on conçoit, dis-je, que, voulant partager la responsabilité que Dieu lui a départie, le pouvoir la déverse, d'une manière uniforme et stable; mais alors c'est *lui*, *Pouvoir*, qui DÉLÈGUE une partie de ses attributions à des subordonnés pour qui il demande l'obéissance comme pour lui-même.

Voilà la véritable *délégation*. Elle part d'en haut et non d'en bas, en fait et en principe, puisqu'on ne peut déléguer que ce qu'on a, et que le peuple, ne gouvernant jamais, ne peut jamais déléguer le pouvoir.

Les événements marchent si vite en Europe, et particulièrement en France depuis quatre ans, que, bon gré mal gré, je suis obligé d'intercaler dans ce travail, que l'impression attend, une réponse à l'objection que murmurent de tous côtés les partisans de la délégation. J'ai affaire à trop forte partie pour passer dédaigneusement ma route. Une opinion qui compte MM. Guizot, Thiers, Augustin Thierry, Rossi et tant d'autres chefs illustres du libéralisme, pour n'être pas irréfutable, n'en demande pas moins une réponse sérieuse. Mon admiration pour le talent de ces hommes célèbres n'enchaîne pas mon indépendance. Je ne suis tenu qu'à la politesse, car la courtoisie de l'écrivain a pour limites le respect de ses convictions personnelles.

« Eh quoi! ajoutent les partisans de la souveraineté populaire et de la souveraineté nationale, n'est-ce pas fermer les yeux à la lumière que d'oser douter de la souveraineté du peuple, en présence des sept millions et demi de voix données au prince Louis-Napoléon, le 20 décembre 1851? Cette spontanéité d'un peuple *donnant le pouvoir* à un prince n'est-elle pas la condamnation manifeste de votre théorie? Qui, en Europe, se permettrait de contester la souveraineté populaire, après un fait aussi éclatant, aussi incontestable? N'est-ce pas la *délégation?* n'est-ce pas le Pouvoir *consenti?* » Voilà l'objection dans toute sa force. Je ne crois pas l'avoir affaiblie, et je vais y répondre, du moins je l'espère.

Le coup d'autorité du 2 décembre prouve en faveur du principe absolu et incontestable de cette proposition : « LE POUVOIR SE PREND ET NE SE DONNE PAS. »

Qu'est-ce, en effet, que l'élection du 20 décembre? La confirmation de l'acte du 2 décembre. La France a *reconnu* ce qui était, à savoir : que le prince Louis-Napoléon était *maître de la situation*, qu'il *avait le Pouvoir*. Par ses huit millions de voix, elle lui a simplement dit qu'il avait bien fait de mettre à la porte sept cent cinquante représentants qui entravaient la marche de son gouvernement, et l'énergie de sa volonté contre les factions et les révolutionnaires qui ne se cachaient guère de leurs projets incendiaires.

En effet, analysons l'acte du 2 décembre, en le dégageant de la formule pour n'en voir que le fond. Le voici : « Reconnu par la nation française comme souverain pour la gouverner, je ne puis maintenir les factions que délivré des entraves qui m'environnent. La révolution est sur tous les points de la France ; l'Assemblée nationale renferme dans son sein un nombre considérable de révolutionnaires et des factieux qui, sous des noms divers, ne peuvent gouverner la France, il est vrai, mais la livreront inévitablement aux horreurs de la guerre civile. Homme de la Providence, j'accomplis ma mission. et je mets à la porte cette Assemblée qui, au lieu de me donner aide et force, se prépare peut-être, sous main, à me conduire sur l'échafaud, ou au moins dans une prison d'État. » Voilà le fait sans phrase, tel qu'il s'est produit.

Or, je le demande à tout homme de bon sens, car il ne faut que le sens commun pour constater ces faits et en tirer les conséquences, qui peut tenir un pareil langage, si ce n'est celui qui a déjà le Pouvoir ? Parler ainsi et mettre une Assemblée à la porte, c'est bien un acte d'autorité, ou je n'y comprends rien.

Pour accomplir cet acte, il eût fallu la *permission*, la *délégation* de la souveraineté du peuple, dans le sens des républicains, ou le *consentement* de la souveraineté nationale, comme l'expliquent les constitutionnels de l'école anglaise.

Imaginez un prince assez débonnaire pour demander à un *souverain* (car le peuple est souverain, disent ses courtisans), la permission de le détrôner, ou bien le chef d'un État assez stupide ou assez impertinent pour prier une assemblée de lui *déléguer l'autorité*, de la *mettre à la porte!!!...* En vérité, il me semble que je perds mon temps en discutant ces puérilités, qui font cependant l'aliment des intelligences démagogiques les plus célèbres de l'Europe, et la gloire des penseurs de la vieille école libérale.

Si donc le prince Louis-Napoléon avait le Pouvoir ou l'Autorité le 2 décembre 1851, quand il expulsait les représentants, que lui a donné l'élection qui a suivi cette expulsion? Rien, absolument rien, si ce n'est la preuve irréfutable qu'il ne s'était pas trompé en se considérant comme le souverain de la France.

Ouvrez l'histoire au hasard; des faits identiques sautent aux yeux. Comment se sont établies les dynasties qui gouvernent toute l'Europe? Est-ce que les conquérants ont demandé aux peuples la permission de les gouverner? Les Anglais, si riches en révolutions, nous en fourniraient, au besoin, de nombreux et incontestables exemples. Je ne dis rien de Pépin en 749, de Hugues Capet un peu plus tard.

On insiste et on dit : « N'est-ce pas justifier les usurpations? n'est-ce pas les confondre avec les gouvernements légitimes? Est-il possible et moral de reconnaître les gouvernements révolutionnaires? »

Non, je ne confonds pas les usurpations, qui ne sont que des actes de trahison ou de violence hypocrite, avec des gouvernements réguliers. Mais si tous les législateurs ont consacré, dans un intérêt général, la propriété, même usurpée, sous le nom de PRESCRIPTION [1], les peuples, par leur obéissance, et dans un intérêt de paix publique, ont également consacré l'*autorité usurpée* par une sorte de prescription à laquelle on a donné le nom d'*hérédité* ; et, de même qu'on a appelé le possesseur d'une fortune usurpée, mais couverte par la prescription, *propriétaire légitime* et incommutable, de même on a reconnu comme *légitimes* les descendants d'un usurpateur.

[1] L'Église catholique a consacré elle-même ce principe en abandonnant volontairement les biens du clergé, vendus et confisqués en 1793.

De là, la légitimité.

Expliquez autrement la descendance légitime de tous les conquérants : de Guillaume de Normandie en Angleterre, de Hugues Capet en France, de tous les princes dont la filiation ascendante remonte à plusieurs siècles, même par l'usurpation, et cependant représentants d'une *légitimité* non contestée en principe !

Mais en dehors de l'*usurpation*, qui n'est point une source légitime du Pouvoir, il y a la prise de possession de l'Autorité par le génie. Je n'anticipe pas sur cette preuve qui se trouve à sa place dans le corps de cet ouvrage, suivant le développement de ma pensée.

En expliquant l'origine et la légitimité du Pouvoir dans l'ordre social et politique, je ne déserte pas la cause de la liberté, que j'ai défendue dans d'autres circonstances, regrettant profondément que des insensés ou des furieux l'aient compromise par de honteux excès et les saturnales dont ils ont couvert le monde en son nom.

Ainsi, la théorie de la *souveraineté nationale*, plus séduisante en apparence, est au fond, on l'a vu, toujours une question de nombre. Le *nombre souverain !* Est-ce bien sérieux ?

Le chef d'un grand peuple sera tout-puissant s'il réunit la moitié des suffrages, *plus un*, Son rival, qui aura réuni la moitié des suffrages, *moins un*, n'est qu'un paria, comme le dernier des citoyens! O philosophes! publicistes éminents! hommes d'État illustres! qui vous agenouillez devant la *souveraineté nationale*, je vous admire sans vous comprendre, et je m'humilie en silence devant la supériorité du génie dans lequel je reconnais seulement le doigt de Dieu!

D'où je conclus, après démonstration, que le Pouvoir vient d'en haut et non d'en bas; d'où je conclus que le Pouvoir est divin, quelle que soit la forme sous laquelle il se manifeste, monarchie, oligarchie, aristocratie, démocratie: donnez-lui le nom qu'il vous plaira, l'habit seul est changé; la chose reste, parce qu'elle sort de la nature des êtres.

Il est donc vrai de dire : « LE POUVOIR SE PREND ET NE SE DONNE PAS. »

VIII

Cum impii sumpserint princi-
patum, gemet populus.
Prov., ch. 29, v. 2.

On doit comprendre le sens de ces mots : « **Le Pouvoir se prend et ne se donne pas.** » Le Pouvoir n'est jamais une abstraction ; le Pouvoir est un fait visible, sensible, représenté par un ou plusieurs hommes (en réalité, toujours par un seul). Le génie ou l'intelligence, voilà la source légitime du Pouvoir ; et comme il n'est pas donné au peuple en général, ni à un peuple en particulier, de créer une intelligence supérieure pour en subir l'ascendant ou la direction, il s'ensuit qu'admettre qu'un peuple ou que le peuple puisse donner le Pouvoir, est tout simplement une absurdité inventée par des charlatans, et acceptée, sans examen, par des imbéciles.

On insiste, et on dit : « Est-il bien vrai que l'intelligence seule donne le Pouvoir ? » Est-il possible d'effacer, pour ne parler que de la France, les quatorze siècles de monarchie? La France n'a-t-elle pas été « condamnée à subir soixante et onze « monarques, les plus incapables, les plus cruels, « les plus dépravés, les plus prodigues, les plus « ambitieux, les plus lâches, les plus ingrats, « ceux-là même qui ont perdu la raison? Quoi-« que *insensé*, Charles VI n'a-t-il pas régné sur la « France pendant quarante-deux ans [1]? Combien, « dans cette liste de soixante et onze rois qui ont ré-« gné sur la France pendant quatorze siècles, de « 420 à 1850, en comptez-vous qui eussent mé-« rité d'être élus, si le peuple français avait eu à « les choisir et à leur confier en toute liberté ses « destinées [2]?» C'est toujours M. Émile de Girardin qui parle.

M. de Girardin aurait pu choisir dans la liste des souverains étrangers de l'antiquité et des temps modernes; les exemples ne manquent pas. Il y aurait trouvé des monarques incapables, cruels, dépravés, prodigues, ambitieux, lâches, ingrats, et même *insensés*. Les rois perses étaient despotes et efféminés; leur dépravation est proverbiale comme le luxe asiatique. L'Égypte a eu ses

[1] M. Émile de Girardin, *Presse* du 18 avril 1851. (*Les deux Unités.*)
[2] *Ibid.*

rois fainéants et des princes froidement cruels ; Rome compte des monstres parmi ses empereurs ; l'Angleterre a eu des assassins et des fous sur son trône ; la Russie, beaucoup plus jeune, a acquis une célébrité peu honorable parmi quelques-uns de ses souverains. On pourrait en citer chez toutes les nations modernes. Tous les peuples ont consacré un principe universel : l'HÉRÉDITÉ DU POUVOIR. Encore que la légitimité de sa transmission soit contestée, ce n'en est pas moins, dans l'ordre politique, un fait aussi manifeste que ce cri de *Galilée* : «La terre tourne !» Or, l'HÉRÉDITÉ DU Pouvoir est la consécration logique de cette proposition irréfutable dans le sens où nous l'avons posée et expliquée : LE POUVOIR SE PREND ET NE SE DONNE PAS.

En effet, pour tout esprit pénétrant, entre l'*hérédité du Pouvoir* et le *génie, source du Pouvoir*, il n'y a contradiction ni en principe ni en fait.

Qu'est-ce que l'hérédité ? C'est la transmission du Pouvoir dans une famille. Sur quoi repose cette transmission ? Sur la grandeur du nom, sur le prestige et la puissance de la naissance. La stabilité compense la capacité. Cette délégation tacite est dans la nature de l'esprit humain. Les hommes environnant toujours de respect un grand nom, du respect à l'obéissance il n'y a pas de

limite saisissable. On obéit par instinct, naturellement, à l'homme qui est le dépositaire d'une
grande gloire ou d'un nom illustre. Le fondateur
d'un empire n'est pas seulement le conquérant
qui court les aventures ou les hasards des batailles.
Fonder un empire, c'est l'organiser; c'est mettre
chaque chose à sa place. Dieu ou religion, famille,
propriété, base éternelle, trinité mystérieuse, mais
indivisible des sociétés humaines, tout cela rentre
dans la destinée d'un peuple; l'administration de
la justice, les finances, la force armée, permanente
ou irrégulière, tous ces instruments des gouvernements, quel que soit leur nom, quelle que soit leur
forme, sont les forces vitales d'une nation. Le
chef, qui a donné l'impulsion à la machine, qui
l'a fondée, a imposé les *conditions* du Pouvoir; il
a fait la loi. Or, la loi défend ou commande. En
prescrivant l'*hérédité*, il a accompli une des grandes lois sociales, la prolongation des États et leur
conservation. On a beau inventer des théories ingénieuses, battre en brèche la source et la base
des sociétés humaines, on pourra en altérer mo-
mentanément la solidité, on ne parviendra à les
détruire de fond en comble qu'en faisant table
rase. La démagogie ne s'y est pas trompée.
Les deux plus implacables sophistes du temps,
M. Proudhon et M. Pierre Leroux, sont au moins

conséquents dans leur abrutissante théorie. Suivant M. Proudhon, « la démocratie est la destruction de tout pouvoir temporel et spirituel [1]. » Ce trait n'est pas un principe, c'est une affirmation dictée par la colère. Sous cette formule, il y a le ricanement infernal d'un mauvais génie ou d'une mauvaise nature. Quand la hyène saisit sa proie, elle la déchire pour la déchirer, par l'instinct inné de la destruction. Si Voltaire vivait, il pleurerait de rage. Il n'a jamais mieux dit. Son ombre doit se réjouir au fond du tombeau. M. Pierre Leroux [2] va plus loin. Il a dit à la tribune que « le but du socialisme était la *destruction de la notion même de l'Autorité* ; que chaque homme devait être pour lui-même son propre prêtre et son propre empereur. » M. Pierre Leroux, qui s'est occupé longtemps de philosophie, en est-il encore à apprendre que l'idée contingente peut seule être conçue comme n'existant pas? L'Autorité ne peut pas plus être détruite, quant à la *notion*, que l'idée de temps, d'éternité, d'infini, d'espace, et de Dieu, qui est l'Autorité par excellence. Détruire la *notion même d'autorité!* dites-vous. Malheureux! qui ne comprenez pas que l'intelligence ne se suicide

---

[1] Cité par M. de Montalembert. *Séance de l'Assemblée nationale du 17 janvier* 1850.

[2] Même discours.

pas ! Détruisez donc aussi la notion de *conscience !*
Il n'y a que des fous capables d'écrire de pareils
blasphèmes.

Ce n'est plus de la liberté de discussion. Socrate
fut condamné à boire la ciguë, pour être soupçonné d'enseigner le dogme de l'immortalité de
l'âme et l'unité de Dieu. Le philosophe d'A-
thènes, condamné à mort pour être soupçonné, et
non convaincu d'avoir manqué à la religion de
son pays ! M. Pierre Leroux et M. Proudhon, représentants du peuple français, insultant librement, audacieusement à la religion, à la croyance
générale d'une nation, violant le bon sens et les
lois de la raison en plein Parlement, c'est peut-
être tout à la fois un acte d'impiété et de folie ;
mais, assurément, c'est l'un ou l'autre. Quand on
pense qu'on donne 25 francs par jour, 9,000 fr.
par an, à de pareils esprits pour représenter la
France, on ne sait trop lequel est le plus stupide
et le plus malade, de celui qui touche les 9,000 fr.
ou de celui qui les donne volontairement.

Un peuple est l'image de ceux qui le gouvernent. Quand la corruption des idées est en haut,
les intelligences, les âmes se corrompent, s'altè-
rent fatalement. C'est une loi de la nature morale, comme de la nature physique, que cette
gravitation qui attire les corps et les âmes vers un

centre commun. La corruption vient toujours d'en haut. L'esprit se déprave par l'orgueil qui amène la révolte ; le cœur se corrompt par l'abandon des sentiments généreux. Il n'y a que deux routes où l'humanité puisse marcher : le bien ou le mal. Tout est là ; il faut choisir : la vérité ou l'erreur ; pas de milieu possible. Cette lutte du bien et du mal n'est point nouvelle ; c'est une loi de la déchéance de l'humanité. Les sophistes, les rêveurs, les philosophes qui apportent des systèmes et des théories pour expliquer ou hâter ce qu'ils appellent le progrès, n'ont pas découvert une seule idée morale depuis le commencement du monde.

L'homme est sorti complet, quant à sa nature, des mains de Dieu. Qu'on |le considère au point de vue physique, intellectuel ou moral, il n'est ni plus beau ni mieux fait que les enfants du premier âge ; il n'a pas agrandi son intelligence ; son cœur n'est pas meilleur ; toute sa prétendue perfection est dans la découverte de quelques combinaisons matérielles et mécaniques. Il a pris pour des idées et pour des inventions les lois ou les effets d'une nature qui n'a pas changé depuis que le soleil éclaire l'horizon. O orgueil humain ! que de folies dans ces accès de superbe dédain pour un passé qui nous a donné la *Bible*, le seul et unique livre que le génie de l'homme n'a pu ni surpasser ni égaler!

Les empires, les États, les peuples disparaissent comme les individus. Interrogez les siècles passés : où sont ces Perses, ces peuples, ces rois, ces monarques puissants dont nous savons les noms? Un Darius, un Alexandre, ces Grecs, ces fiers Romains qui ont asservi le monde, où sont-ils? Ces temples, ces palais, ces monuments de la vieille Égypte, qu'en reste-t-il? Çà et là quelques colonnes ; çà et là, cachés sous l'herbe sauvage, quelques débris de portiques, quelques statues défigurées par le temps, le silence de la mort sur les ruines qu'agitait autrefois une foule ardente et passionnée. A peine si le voyageur moderne peut retrouver les limites ou même l'emplacement de ces cités florissantes, embellies par les arts et les chefs-d'œuvre de l'esprit humain. Des ruines partout! Pas même un tombeau pour couvrir la vanité des maîtres du monde! Un nom célèbre semé çà et là, béni ou maudit dans la mémoire des enfants des hommes : car Dieu n'a pas permis que la vertu fût immolée et que le crime fût honoré sur la tombe des peuples et des rois. Il ne reste donc des institutions humaines que le souvenir de la vertu et des bienfaits! La vérité, immobile au milieu des passions des sociétés, traverse les âges pour éclairer la marche de l'humanité ! C'est la boussole de l'univers. Les pilotes qui doivent conduire au port les nations et les individus sont les grands hommes que Dieu a jetés sur la terre çà et là, de distance en distance, de siècle en siècle, comme des phares lumineux qui nous indiquent le rivage. Le voyageur qui parcourt les savanes de l'Amérique ou les steppes de la Russie, n'a pour se guider à travers ces immenses déserts que l'étoile du firmament, que la main de Dieu a attachée dans les cieux afin que l'homme pût lire la nuit et le jour le nom de son Créateur. Le marin au milieu des tempêtes, jeté de rivage en rivage, élève ses yeux vers le ciel pour demander à Dieu d'arriver au port. Où en serait l'humanité, où en seraient ces millions d'hommes pour qui la vie n'est qu'un long travail, si des chefs ne conduisaient le troupeau au milieu des sentiers qu'il faut suivre et des écueils qu'il faut éviter pour gagner la route du bonheur? car c'est bien la destinée de tous les hommes que ce bonheur que nous cherchons sans le trouver, parce qu'il n'est point ici-bas. Dieu aurait créé, depuis des siècles, des milliers de générations pour les abandonner au hasard des passions et des folies d'une raison délirante ! Dieu aurait donné la vie à ces peuples qui couvrent le globe, pour vivre à l'aventure, sans savoir quelle route suivre !

Quoi ! est-ce à droite, est-ce à gauche, qu'il faut marcher? est-ce vers le septentrion, est-ce vers le midi, vers l'orient ou vers le couchant, qu'il faut diriger ses pas? Qui conduira cette masse d'hommes? il faut traverser les forêts du Nouveau-Monde, parcourir les plaines de l'Asie, ou pénétrer les déserts brûlants de l'Afrique. Les animaux sauvages marchent en bande ; les jeunes n'ouvrent jamais la marche, ils suivent d'instinct les plus vieux, à qui la nature a inspiré le rôle qu'ils doivent prendre. L'homme seul serait sans chef, l'homme seul irait au hasard sur cet océan des âges, sans savoir où sont les écueils à éviter ! les caps à doubler, les précipices à fuir. Singulière destinée ! plus incompréhensible que l'homme lui-même qui se verrait sur la terre sans savoir d'où il vient, où il va, et comment il va !

J'ai vainement cherché dans la science humaine, dans la doctrine des philosophes, la solution du problème que j'examine.

Ni l'origine de l'homme, ni la destinée de l'homme, ni les conditions du bonheur, ne se trouvent dans les maximes des penseurs de l'antiquité. Les écrivains modernes n'en savent pas davantage.

C'est à l'autorité du genre humain, c'est à la tradition qu'il faut recourir pour savoir et pour

comprendre la fin de l'homme; c'est au catéchisme des petits enfants qu'il faut aller puiser la
vérité; c'est au simple curé de campagne qu'il
faut demander l'explication du grand problème
du genre humain.

« Pourquoi Dieu a-t-il créé l'homme? pourquoi
l'a-t-il mis au monde? Platon ne le savait pas,
Socrate l'avait peut-être soupçonné. Toute la
philosophie ancienne n'a rien de précis à cet
égard. »

La philosophie moderne n'est guère plus avancée; je ne sais pas même si elle est aussi avancée;
elle est moins sincère. Socrate, du moins, Platon,
Cicéron, Sénèque, avaient la foi; leur orgueil n'é-
tait pas en lutte avec la doctrine du Christ. Ils
n'avaient pour guide que les éclairs de la raison.
Les sophistes des temps anciens ressemblaient
aux rêveurs des temps modernes. L'étude de la
sagesse était une gymnastique où l'intelligence
des médiocrités s'exerçait dans la lice comme des
gladiateurs dans l'arène. Les épicuriens et les stoïciens, qui résument toute la philosophie ancienne,
plaçaient le bonheur, les uns dans les plaisirs des
sens, les autres dans le plaisir de l'esprit. Les
stoïciens appelaient cette jouissance intellectuelle
la vertu; mais le *virtus animi* (le plaisir de l'esprit), pour rappeler l'expression de saint Augus-

tin, reposait sur un principe faux, ou, ce qui est plus exact, c'était une pétition de principe.

Demandez au dernier petit paysan de douze ans, admis par son curé à faire sa première communion, la solution du problème que je viens de poser, il vous répondra naturellement, sans forfanterie comme sans faiblesse : « L'homme a été créé et mis au monde pour *connaître*, *aimer* et *servir* Dieu, et par ce moyen arriver à la vie éternelle. » Le problème est résolu. Dieu a donné à l'homme l'intelligence pour le connaître, le cœur pour l'aimer, et l'activité libre pour le servir. La vie éternelle, c'est le bonheur; car *être heureux* et *vivre* sont deux idées inséparables dans l'ordre moral. J'ai lu les maîtres de la sagesse des temps anciens et des temps modernes; j'ai vainement cherché une explication aussi simple et aussi nette. On me parle bien de l'Être infini, de l'Être absolu, de ses divers attributs, de l'Être relatif, fini, borné, de l'homme. On couvre sous la stérilité des mots l'inanité de la doctrine. Il est permis d'être absurde; on peut l'être pour soi; mais imposer aux autres une doctrine stupide, abrutissante, enseigner à la jeunesse la route du vice et la dégradation morale par principe et par métier, ce n'est plus de l'imbécillité, c'est je ne sais quoi d'aussi cruel, de plus coupable, que le vol et l'assassinat. Le voleur ne peut dépouiller que quelques individus, l'assassin tue seulement quelques personnes; mais tuer les âmes par orgueil, par haine de la doctrine du Christ, les immoler parce que la vue d'un prêtre fait bondir certains hommes, comme l'aspic qu'on presse sous l'herbe, c'est l'infamie au plus haut degré, c'est le poison préparé artistement, versé dans la coupe pour vous rafraîchir, et qui vous donne la mort. On envoie aux galères le malheureux que la faim a poussé à briser une devanture de boutique, pour prendre un pain nécessaire à la vie de sa femme et de ses enfants; on conduit à l'échafaud le meurtrier qui, dans un moment de colère, a tué son voisin ou son frère pour une discussion de mur mitoyen; on décore, on glorifie l'écrivain mercenaire qui jette aux âmes une pâture empoisonnée. La forme est séduisante, le poison est parfaitement dissimulé. L'adultère n'est qu'un moment d'oubli; les mœurs ne sont qu'une affaire de jeunesse. La droiture délicate est traitée de simplicité. L'honneur est un vieux mot qui sent l'aristocratie, et qui rappelle les temps des patriarches! L'obéissance et le respect ne sont plus qu'une servilité dégradante, indigne d'âmes nobles et fières qui ne relèvent que d'elles-mêmes. La religion, la foi, ne peuvent être bonnes que pour les âmes simples, naïves des campagnes. La philosophie, la culture de l'esprit, voilà ce qu'il faut aux classes élevées. Le Pouvoir est encore nécessaire pour les gens du peuple; la canaille a besoin d'un frein. Les merveilleux du siècle, les penseurs, sont au-dessus de ces préjugés; leur loi, leur autorité, c'est leur volonté, et la liberté, pour ces esprits supérieurs, c'est la domination. Ces hommes n'auront de repos que quand ils auront asservi la société par l'abrutissement de l'intelligence et la dépravation du cœur. Tel est l'état de la France, et la tendance de l'Europe depuis soixante ans.

IX

*In turbas et discordias pessimo
cuique plurima vis : pax et quies
bonis artibus indigent.*

Les dissensions et les troubles
sont le triomphe des pervers, au
lieu que l'ordre et la paix demandent des vertus.

TACITE, *De Mor. G.*, ch. 1.

« L'HÉRÉDITÉ DU POUVOIR est un fait incontesta-
« ble. Soit. Mais cette hérédité n'est pas *légitime*.
« Les 71 anciens rois qui ont régné sur la France
« pendant quatorze siècles n'auraient pas été nom-
« més, si le peuple français avait eu à les choisir
« et à leur confier en toute liberté ses desti-
« nées [1]. N'est-il pas certain que souvent un
« homme de génie n'a point de fils capable de
« lui succéder? Un grand roi, un Henri IV, aura
« pour successeur un Louis XIII ; un Louis XIV
« aura pour héritier un Louis XV. L'histoire est
« remplie de pareils exemples. Le principe de dé-
« légation héréditaire condamne un pays à subir
« les monarques les plus incapables et les plus in-
« dignes. » Telle est l'objection dans toute sa

[1] M. Émile de Girardin.

force. Je ne crois pas l'avoir affaiblie en la reproduisant.

Je réponds que la que la question est mal posée. On ne *nomme* pas *l'autorité*, je crois l'avoir démontré. J'ai à examiner si *l'hérédité* est une source du Pouvoir, source *légitime*. Je réponds oui sans hésiter, d'accord avec les traditions historiques et les données du bon sens.

Que suppose l'hérédité? C'est la transmission du Pouvoir dans une famille, avons-nous dit, en nous appuyant sur la valeur des mots, et les faits politiques, que personne ne conteste.

Sur quoi repose l'hérédité? Sur un fait incontesté et même incontestable : c'est que le chef d'un peuple qui a fait consacrer l'hérédité dans sa famille, a fait ce que font tous les législateurs : il a imposé la loi. Il a imposé les *conditions* du Pouvoir. Il a dit aux peuples soumis à son sceptre : « Mon fils me succédera. Vous lui obéirez comme vous m'avez obéi. Vous m'avez salué roi, empereur ou dictateur; mon fils sera roi, empereur ou dictateur. » Voilà le sens de la formule. Maintenant, discutez tant que vous voudrez, vous ne détruirez pas l'histoire de l'humanité. Elle se compose de faits semblables depuis le commencement du monde jusqu'à nos jours.

Quoi! pendant quatorze siècles, pour ne parler

que de la France, nos pères ont vécu sous ce principe politique; c'est sous les rois de France que cette France si belle s'est formée telle qu'elle est, plus belle même sous Louis XIV, plus riche en grands hommes dans tous les genres, sans exception; et voilà que tout-à-coup, en 89, on se réveille en sursaut, les Français s'aperçoivent subitement qu'ils ne sont qu'un peuple d'esclaves et d'imbéciles! Quel miracle ou quelle folie! Dieu, ou le génie des révolutions, je ne vois que l'un ou l'autre pour comprendre par intuition cet abâtardissement d'un grand peuple qui a été dans les fers, pendant quatorze siècles, sans s'en douter! Je trouve le principe d'hérédité du Pouvoir chez presque tous les peuples de l'antiquité. Les Grecs et les Romains l'ont consacré également. Quelques siècles de république ont pu interrompre l'application du principe. La prescription n'a point lieu à Rome, qui commence par la royauté et finit par l'empire. C'est toujours la monarchie, elle change seulement de nom.

Les peuples modernes, dont je fais remonter l'histoire à l'invasion des Barbares à la fin du IVe siècle de notre ère, acceptent l'hérédité.

Il y a apparemment une raison puissante pour qu'un tel fait se reproduise à tant d'époques, chez tant de peuples, à quelques exceptions près.

Chez tous les peuples, la *propriété*, qui est de droit naturel, comme le Pouvoir, a subi de nombreuses modifications. Si le principe n'est pas contestable, les applications varient suivant les mœurs, les lumières, en un mot, suivant le degré de civilisation d'un peuple.

Les lois qui règlent la propriété s'appellent chez tous les peuples des lois *civiles*.

Les lois qui règlent les rapports des citoyens avec le prince, ou l'État, ou le Gouvernement, ou le souverain, ce qui ne fait qu'un au fond, s'appellent les lois *politiques*.

Toutes ces lois dérivent de la même source. Liées étroitement par un point de contact imperceptible, mais inséparable, elles se proposent le même but, la conservation et le bonheur de la société. La transmission de la propriété est de *droit naturel :* le mode de transmission est de *droit civil*.

Il n'est donc pas étonnant que les chefs de dynastie aient posé en principe que le *Pouvoir politique* serait transmissible comme la propriété, dans l'intérêt même de cette propriété, qui ne vit et ne se développe que par la stabilité.

Mais si la propriété est transmissible sous certaines conditions, d'après la loi naturelle, on n'en peut dire autant de l'*Autorité* politique.

Nul ne peut me dépouiller de ma propriété sans commettre un crime.

Le chef d'un État qui m'ordonne arbitrairement un acte contraire à la morale, tel que d'assassiner ou de commettre un vol, perd à l'instant tout droit à mon respect et me dégage ainsi de l'obéissance qu'impose la raison qui s'adresse à l'intelligence.

De là, la faculté accordée à toutes les consciences, non de *se révolter*, mais de ne *point obéir* aux ordres des tyrans. C'est en ce sens que les papes *excommuniaient* les rois pendant le moyen âge; c'est en ce sens qu'ils dégageaient les peuples de l'obéissance à un souverain impie, immoral ou injuste.

Les peuples, les diplomates dans les *congrès*, se sont substitués aux successeurs de saint Pierre, quand ils ont déclaré en fait et en droit les trônes vacants. On a beau varier la formule, le fait ne change pas.

A la cour de Rome ont succédé les *barricades*. La force brutale vaut-elle mieux que le conseil d'un vieillard? Cinq ou six ambassadeurs réunis dans un hôtel de Vienne ou de Londres, taillant sur une carte les morceaux de terre que tel prince gouvernera, imposant aux peuples, comme en 1815, des traités politiques, sans qu'ils aient à dire un

mot, sous peine de passer sous les fourches cau-
dines d'une armée de princes coalisés ; cette réunion, qu'on appelle *Congrès*, *Conférence*, car il
faut un nom pour chaque chose, vaut-elle mieux,
est-elle plus indépendante, plus éclairée et surtout
plus impartiale qu'une assemblée de vieillards réunis dans le VATICAN ? Je n'oserais trancher la question, mais il me semble qu'elle est de celles dont le
poète a pu dire :

Grammatici certant, et adhuc sub judice lis est.

On peut faire des théories ingénieuses, habiles,
séduisantes, captieuses. Les sophismes ne sont pas
la vérité. La vérité, c'est le fait tel qu'il se trouve
dans la vie des peuples ; c'est le principe qui sort
de la nature des choses, si lumineux qu'il frappe
tous les yeux.

Mais on dit : « Comment un prince enfant, né
« sur le trône, qui n'offre pas plus de garantie
« d'intelligence et de moralité que le dernier en-
« fant du peuple, pourrait-il, légitimement, aspi-
« rer au gouvernement d'une nation ? Est-il pos-
« sible de transmettre le Pouvoir à cet enfant,
« sans compromettre la sécurité et le bonheur
« public ? »

Apparemment que les nations de l'antiquité et
des temps modernes l'ont cru sans danger. Le bon

sens n'est pas d'invention humaine, que je sache
du moins. On n'a pas attendu la révolution de Février pour proclamer en principe la souveraineté
du peuple. Eh bien! ouvrez l'histoire. N'a-t-on pas
accepté le Pouvoir héréditaire? Je constate un fait.
Je n'écris pas en utopiste; d'accord avec les psy-
chologistes modernes, sur ce point, les publicistes,
les savants, je prends l'expérience pour point de
départ, et je dis, l'histoire à la main :

L'hérédité politique est un fait aussi incontestable que l'existence du soleil; et la légitimité du Pouvoir HÉRÉDITAIRE est aussi éclatante
que la légitimité du prince Louis-Napoléon Bonaparte. La souveraineté populaire, pratiquement
parlant, n'est qu'une théorie qui ne s'est encore
jamais réalisée, dans le sens du gouvernement du
peuple, ni dans l'antiquité, ni dans les temps modernes.

Je ne puis me résoudre à me payer de mots,
monnaie courante et de mauvais aloi sur laquelle
comptent les sophistes et les charlatans pour
tromper les sots.

Gouverner (en latin *gubernare;* en grec κυβερνᾶν,
conduire un vaisseau) signifie *conduire, diriger,
administrer, avoir le maniement des affaires.* Voilà
une idée si simple que tout le monde la comprend;
petits et grands, savants et ignorants, bourgeois

et paysans, tous sont d'accord sur le mot et la chose.

Eh bien! je le demande à M. Emile de Girardin, qui ne veut plus d'*Autorité*, où, quand le peuple a-t-il gouverné? Qu'il me cite dans l'antiquité républicaine, ou dans ce qu'on appelle la démocratie moderne, un peuple qui ait déclaré la guerre, soit sur terre, soit sur mer; qu'il m'indique une nation où le peuple ait jugé, administré les finances, dirigé le gouvernement, fait les traités politiques, signé et contracté des alliances!

Non, dites-vous, il *règne* et *ne gouverne pas*. C'est par ses ministres qu'il traite, qu'il décide, qu'il exécute.

Ne jouons pas sur les mots. Ce sont donc ses ministres qui gouvernent en son nom, qui ont la direction des affaires, l'initiative des mesures qui demandent une prompte solution.

L'ennemi descend sur les côtes, il attaque à main armée une possession ou une île appartenant à son allié ou à son voisin; il faudra que celui-ci, avant d'agir par ses ministres et son gouvernement, se réunisse dans ses comices, délibère, examine s'il y a lieu de repousser l'invasion, l'attaque injuste, imprévue, contraire au droit des gens! Il y a un an, quelques forbans américains, composés de tous les aventuriers des États-Unis, s'avisent de descendre les armes à la main sur les côtes de l'ile de Cuba ; le gouverneur espagnol, au lieu de repousser l'attaque de ces misérables, aurait dû laisser piller l'ile, en attendant que le gouvernement espagnol lui eût envoyé l'ordre de défendre l'honneur du drapeau si injustement attaqué ! Que dis-je ! le gouvernement lui-même, devant se composer du peuple, de ce magnifique souverain qui ne sait peut-être pas si Cuba est en Afrique, en Asie ou en Amérique, qui ignore probablement ce que c'est que cette reine des Antilles, ce peuple aurait dû se réunir dans toutes les provinces, délibérer et dire à ses ministres : « Faites-moi le plaisir d'expédier en mon nom au gouverneur de Cuba l'ordre de défendre cette île. » Mais les pirates américains, les forbans des États-Unis auraient eu le temps d'y fonder un gouvernement, de planter de café l'île entière et d'en faire la récolte, avant que l'ordre de les expulser fût arrivé de Madrid au chef qui commande la colonie espagnole !

Régner et ne pas *gouverner*, telle est la maxime démocratique que les publicistes de la République ont consacrée.

Le roi règne et ne gouverne pas, disait l'opposition sous la monarchie constitutionnelle. S'il est vrai de dire qu'il n'y a que les gens riches qui

puissent porter des habits râpés, il n'y a que les
grands esprits qui puissent dire une absurdité. Les
gouvernements ne sont pas des fictions, mais des
réalités. Les fictions constitutionnelles de l'Angleterre sont-elles plus vraies que les fictions constitutionnelles sous Louis-Philippe? Non. Le gouvernement tient à l'homme même qui le dirige. Fort
ou faible, il tiendra les rênes d'une main énergique ou molle.

N'en est-il pas de même des assemblées délibérantes? Qui a conduit les affaires pendant vingt
ans en Angleterre? Robert Peel! Oui, Robert
Peel! de près ou de loin, il a dirigé les affaires
de son pays depuis 1830. Les deux chambres ont
été dominées par l'ascendant de son talent et surtout de son caractère. Une femme que la Providence a placée bien jeune sur le trône, a prouvé,
par la ténacité d'un bon sens droit, que, sans vouloir asservir la liberté de son pays, un cabinet ne
dirigerait jamais les destinées de l'Angleterre contre sa volonté. Le Portugal va subir une révolution honteuse par la révolte d'un ambitieux; Victoria signifie à son secrétaire d'État des affaires
étrangères, lord Palmerston, qu'elle entend maintenir sur le trône Dona Maria et ne pas condam-
ner à l'exil la reine, femme d'un Cobourg! L'acte
de Victoria n'est pas seulement l'acte d'une souve-

raine, c'est l'acte d'une femme supérieure, qui se sent outragée par la lâcheté d'un homme qui insulte aux bienfaits de sa protectrice.

Le peuple règne et ne gouverne pas!

Le roi règne et ne gouverne pas?

République ou monarchie, c'est toujours le même principe : la contradiction flagrante dans les termes, et l'absurde dans l'idée, pour employer le langage des géomètres.

Vos deux maximes sont deux notes qui donnent le même son.

Celle de M. Thiers a produit la Révolution de Février. Celle de M. de Girardin nous ramènerait à 93. Ce n'est pas ce qu'il veut, pas plus que M. Thiers ne voulait ce qui est.

Mais la même cause produit les mêmes effets. Comment M. de Girardin ne le voit-il pas?

Je dis maintenant aux adversaires de l'hérédité du pouvoir: Ou la souveraineté populaire est un vain mot, une utopie, et alors pourquoi s'appuyer sur une doctrine qui viole les données historiques et les lois de la logique?

Ou bien c'est une réalité incontestable, c'est un principe *antérieur et supérieur*, pour répéter une expression consacrée par les démagogues, et alors comment se fait-il que cette souveraineté inaliénable, imprescriptible, ait accepté l'hérédité dans l'antiquité et dans les temps modernes, et *n'ait jamais gouverné chez aucun peuple?*

Comment ! les Français auraient mis quatorze cents ans pour s'apercevoir qu'ils étaient souverains, et que, par pure bêtise ou lâcheté, leurs ancêtres avaient volontairement courbé la tête sous des « monarques incapables, cruels, dépravés, « prodigues, ambitieux, lâches, ingrats ou *insen-* « *sés !* »

C'est qu'au fond, l'hérédité du Pouvoir a une expression morale, naturelle, dans l'esprit des peuples, dont le sens échappe, à ma grande surprise, à la sagacité des publicistes de la démocratie.

Rousseau, Montesquieu lui-même, bien plus pénétrant, semblent laisser dans l'ombre tout ce qui pourait détruire chez l'un l'utopie du CONTRAT SOCIAL, chez l'autre les subtilités de l'ESPRIT DES LOIS.

L'hérédité du Pouvoir n'est que l'expression d'un grand nom. Est-il étonnant que les masses soient séduites par tout ce qui séduit les hommes des classes élevées?

Pourquoi demander aux classes laborieuses, à l'artisan, au paysan de s'affranchir d'un sentiment qui domine, à leur insu, les âmes les plus fières, les plus indépendantes?

Un grand capitaine, un grand conquérant, un grand roi, un grand homme, qu'il s'appelle Alexandre, César, Charlemagne, saint Louis, Louis XIV, Washington, Pierre-le-Grand, Napoléon; qu'il signe Raphaël, Michel-Ange, Bossuet, Corneille, Leibnitz, Bacon ou Galilée, c'est toujours le génie; c'est la couronne de Dieu! Dieu n'a pas permis à l'homme de s'affranchir de sa puissance; sa grandeur éclate dans ses œuvres; l'homme de génie est le chef-d'œuvre de Dieu, saluons Dieu dans l'homme de génie. Il y a bientôt six mille ans que l'humanité s'incline devant cette puissance; c'est une loi naturelle. Les passions politiques peuvent obscurcir le sens d'un peuple, elles ne sauraient changer la nature humaine.

Ce qui précède indique la relation intime de l'hérédité du pouvoir avec l'intelligence, c'est sa légitimité. Complétons cet ordre d'idées par l'examen de quelques faits puisés dans l'histoire et dans la PRATIQUE de la Commune.

X

Vérité et erreur sont les deux extrémités des régions intellectuelles ; le bien et le mal, les deux pôles du monde moral ; la richesse et la pauvreté, les deux termes du monde social. Quoi qu'on dise, quoi qu'on fasse, il n'est en la puissance d'aucun homme, d'aucun pouvoir, Dieu excepté, d'effacer complétement l'erreur de ce monde. « *Omnis homo mendax,* » dit l'Écriture. Le mal procède de l'erreur, comme la pauvreté procède de la faiblesse, condition de l'inégalité humaine. Ce n'est point l'homme qui a établi l'inégalité, mais cette inégalité n'est point une injustice. L'homme sort des mains de Dieu, l'obligé de la bonté divine. Il peut faire le bien et fuir le mal. Esclave de sa volonté, il ne saurait s'en prendre qu'à lui-même

d'une dépravation morale qu'il tient de la corruption de ses pères. Si la richesse est une des conditions du bien-être terrestre, elle n'est pas la source
absolue du bonheur. La pauvreté est une loi de
l'humanité, comme le travail est la peine de la
déchéance de l'homme. « Tu enfanteras dans la
douleur, » dit Dieu à la femme [1]; « tu mange-
« ras ton pain à la sueur de ton front, jusqu'à ce
« que tu retournes dans la terre d'où tu es sorti;
« parce que tu es poussière, et tu retourneras en
« poussière [2]. » Voilà l'arrêt de Dieu prononcé
contre l'homme, arrêt mystérieux que je ne relis
jamais sans m'incliner devant cette volonté divine
que j'admire sans la comprendre. Notre orgueil
se révolte vainement contre cette loi suprême :
« Il faut manger son pain à la sueur de son front. »
Blasphémons, maudissons, nous ne changerons
pas cet oracle de la Divinité qui s'accomplit chaque
jour depuis bientôt six mille ans.

Les uns naissent forts, les autres faibles.

Celui-là a les dons du génie, celui-ci est incapable de s'élever aux connaissances les plus communes.

Tel a reçu du ciel une âme énergique et puissante; tel autre est pusillanime et sans courage.

[1] *Genèse*, ch. 3, v. 16.
[2] *Ibid.*

Je n'entreprends point d'expliquer ces faits, je les constate.

Mais l'intelligence, le courage, la force sont des éléments de supériorité incontestables.

Les êtres forts ont le sentiment de leur supériorité ; les êtres faibles ont le sentiment de leur infériorité. Cette loi générale et absolue se remarque chez les animaux.

L'agneau fuit devant le loup, la colombe devant l'aigle, le passereau devant l'oiseau de proie ; l'enfant et le vieillard ne résistent point à un homme robuste.

Le pauvre sent sa faiblesse. Fût-il possible de diviser le monde entier en autant de parties qu'il contient d'habitants, et de placer tous les hommes dans un état parfaitement égal de fortune, cette prétendue égalité ne durerait pas vingt-quatre heures.

Les hommes laborieux, intelligents, économes, s'enrichiraient le jour même de la paresse, de la prodigalité et de l'inintelligence des autres.

Les théoriciens de la démagogie qui ont demandé et qui demandent avec tant d'ardeur ce qu'ils appellent l'*instrument de travail*, cet infâme *capital* que leur vertu dédaigne, que leur avidité convoite, ne comprennent pas les plus simples éléments des conditions de vitalité et de développement des sociétés humaines. L'homme n'est pas né pour s'enrichir; Dieu lui a donné l'intelligence pour se conduire, l'activité pour travailler. Le premier capital, c'est le travail; le premier écu, c'est le travail. La vie de l'homme est au bout du travail. « *In sudore vultus tui vesceris pane. C'est à la sueur de ton front que tu mangeras ton pain.* » dit l'Écriture.

L'intelligence sans travail ne peut rien; mais l'intelligence avec le travail amène ces différences dans les résultats qui constituent la richesse, la supériorité sociale. Pour maintenir cette égalité tant prêchée, et absurde par la nature même de l'homme, il faudrait chez tous les hommes la même intelligence, la même force et la même somme de travail. Voilà le problème posé. M. Proudhon, M. Pierre Leroux, M. de Girardin ne le résoudront pas.

J'ai le droit de conclure que, l'inégalité étant dans la nature des sociétés une loi générale, la fortune constitue ce qu'on appelle une position sociale, et par conséquent un élément du Pouvoir.

La fortune est un élément du Pouvoir, élément aussi légitime que l'intelligence, en ce sens que si elle ne constitue pas directement le Pouvoir, elle y conduit, comme l'intelligence et le travail dont elle émane.

Voyez : qu'est-ce qui donne l'ascendant sur les hommes? n'est-ce pas le bien qu'on leur fait ou qu'on peut leur faire? La CLIENTÈLE, le PATRONAGE, n'ont-ils pas été chez les peuples anciens et chez les peuples modernes un élément de force, une source de respect, de considération, d'influence au profit de ceux qui les ont exercés? N'est-il pas naturel, légitime, qu'un artisan, qu'un ouvrier, considère et aime son patron? n'est-il pas naturel qu'il épouse ses intérêts, qu'il défende sa cause, qu'il étende son influence, qu'il obéisse à sa direction?

Parcourez la campagne : quel est l'homme influent de chaque localité? est-ce le maire? est-ce un rustre qui prononce au nom de la loi la formule du mariage, qui délivre des extraits de mort ou de naissance, qui veille à la prestation des chemins vicinaux? Non, ce n'est pas ce donneur de signatures légales qui est le chef, le premier, qui, en un mot, a le pouvoir moral, la direction des affaires de famille; il n'est pas l'homme de tout le monde, le confident de toutes les douleurs, le père des pauvres. L'arbitre des chagrins domestiques et des intérêts de famille, c'est tout simplement un pauvre prêtre avec un traitement de 800 francs, qui n'a pas 3 francs à dépenser par jour; c'est le curé, qui partage son influence avec l'habitant le plus notable, le plus riche, le plus bienfaisant et le plus éclairé de la commune. Quand le maire est le plus riche, le plus éclairé, le plus bienveillant, c'est un véritable souverain pour ses paysans.

Sont-ce les paysans qui lui donnent l'ascendant, l'autorité ? Nullement. L'ascendant, l'autorité dans la commune, comme partout, tient à l'homme. On l'exerce naturellement.

Établissez-vous dans la plus exécrable commune de France, au milieu du socialisme le plus brutal ; faites-y du bien, ces tigres s'adouciront. Le lion, le léopard, reconnaissent leur maître ; l'homme méconnaîtrait son bienfaiteur ! il ne respecterait pas celui qui lui donne à boire quand il a soif ! il méconnaîtrait la voix de celui qui lui donne à manger quand il a faim ! il serait insensible à la voix de celui qu'il consulte avec confiance dans toutes ses affaires domestiques, pour tous ses intérêts ! il refuserait d'obéir à celui qui est son guide dans toutes les circonstances de la vie !

Il rejetterait la parole du vieillard qui lui a donné les premiers éléments du catéchisme ; à qui, au tribunal de la pénitence, il a confié tous les secrets, toutes les faiblesses du cœur ! qui bénit son mariage et qui priera sur sa tombe ! Illustre Lacordaire, permettez à un de vos plus obscurs disciples de répéter votre expression, je n'en ai pas d'autre : « CANAILLE DE DOCTRINE[1] ! je ne veux pas te discuter. » L'homme n'est pas un tube digestif; l'homme est encore moins une hyène sortie des enfers, dévorant ses bienfaiteurs et blasphémant Dieu dans ses œuvres.

L'homme est l'orgueil de la création ; Dieu lui a donné de plus nobles destinées qu'aux autres êtres. C'est pour réaliser ces destinées, conformes à la grandeur de son origine, qu'il doit reconnaître la loi de Dieu et la pratiquer dans toutes les conditions de la vie.

Les efforts de la démagogie peuvent égarer un moment l'esprit de la multitude. Livré à lui-même, le peuple a les plus généreux instincts. Capable d'un héroïsme incomparable, sa grandeur morale s'élève jusqu'au sublime et au génie dans les calamités nationales ; son sens droit déjoue avec bonheur et par instinct les piéges que l'hypocrisie et la perversité des partis tendent à sa bonne foi et à sa candeur. Incapable de ruse, cette maladie des âmes communes, il va droit au but; il écoute les cris, les fureurs de tribuns et d'énergumènes que l'ambition et la lâcheté transforment en vils adorateurs de sa puissance et de sa

---

[1] Expression employée par le célèbre dominicain dans une Conférence de Notre-Dame sur le matérialisme, 26 mars 1848.

souveraineté à laquelle il ne croit pas. Attendez sa décision. Vainement les meneurs sont là ; vainement les grands-prêtres de la lumière lui ouvrent leurs temples ; le peuple passe, détourne dédaigneusement la tête, et se montre dans toute sa noble simplicité, dans toute sa forme héroïque au jour du péril.

Je n'appelle pas peuple cette lie boueuse des grandes villes, qui remue dans la foule comme la vermine dans la fange.

Je n'appelle pas peuple les repris de justice, les galériens émérites qui fournissent un contingent au désordre de toutes les grandes cités : Paris, Lyon, Marseille, Bordeaux, Londres ou Berlin, Amsterdam ou Bruxelles, Saint-Pétersbourg ou Rome, Vienne, Naples ou Madrid.

Je n'appelle pas peuple cette racaille sans nom, qui ne vit que de vols et d'escroqueries.

Je n'appelle pas peuple cette ignoble galerie de claqueurs qu'on trouve dans les théâtres, depuis Bobino jusqu'à l'Opéra.

Je n'appelle pas peuple ces âmes damnées qui ont autant de domiciles qu'il y a de jours dans l'année, vivant en plein air, couchant dans les carrières, et faisant élection de domicile dans les prisons de l'État.

Je n'appelle pas peuple ces fripiers de galanterie, qui soutiennent la pudeur à l'encan des filles de tolérance.

Je n'appelle pas peuple ces ouvriers de tous les états, de tous les métiers, qui demandent de l'ouvrage à tous les patrons, priant Dieu de n'en pas trouver, pour avoir l'air de se plaindre légitimement de la misère des temps.

Je n'appelle pas peuple ces vauriens chassés de tous les régiments, capables de toutes les lâchetés, faisant du patriotisme de contrebande, et escomptant, au nom de la liberté, les devoirs impérieux de la discipline.

Je n'appelle pas peuple ces piliers de cabaret, qui ne rentrent chez eux que pour être le bourreau de leurs malheureuses femmes et le scandale de leurs enfants.

Je n'appelle pas peuple ces saltimbanques ambulants, ces badauds qui couvrent les places publiques les jours de la semaine, vivant aux dépens de l'un et de l'autre.

Je n'appelle pas peuple ces ouvriers félons qui sont la honte, l'opprobre des ateliers dont ils exploitent la crédule et généreuse hospitalité.

Je n'appelle pas peuple ces orateurs de barrières et de villages, qui sont à la piste des révolutions et du pillage, comme le tigre qui guette sa proie au coin d'un bois.

Je n'appelle pas peuple ces ouvriers qui violent les lois du mariage et vivent dans un concubinage dont les suites sont toujours la misère, l'immoralité, amenant inévitablement le désordre, précurseur des calamités sociales.

J'appelle peuple l'artisan, l'ouvrier honnête qui apprend un état, qui vit d'une profession en se conformant aux lois morales de la société.

J'appelle peuple le père de famille, le jeune homme qui va le matin à sa journée, exécute le travail que lui donne son maître ou son patron, comme le soldat qui exécute la consigne de son officier.

J'appelle peuple le contre-maître qui distribue la besogne dans l'atelier, qui regarde comme un devoir de conscience de ne point voler son chef, soit en abusant de sa confiance pour les marchandises qu'on lui a livrées, soit en négligeant la surveillance des ouvriers qu'il a sous ses ordres.

J'appelle peuple l'ouvrier qui, engagé dans les liens du mariage, voit en sa femme, non une femelle, mais la compagne de sa vie, de ses misères et de ses joies ; qui comprend qu'il lui doit protection et bienveillance, qu'il doit à ses enfants l'exemple d'une vie honorable et le langage d'un honnête père de famille.

J'appelle peuple cette population morale des

campagnes, qui travaille douze et quinze heures par jour pour cultiver ses champs et fournir aux besoins quotidiens ; qui regarde l'honneur comme le plus bel écusson de sa famille, et la vertu comme un patrimoine héréditaire.

J'appelle peuple ces soldats, ces marins qui courent les dangers de la guerre, les périls de pays lointains et d'une navigation dangereuse.

J'appelle peuple tous ces instituteurs moraux des campagnes, qui ont reçu la mission toute évangélique d'instruire les enfants du peuple et de déposer dans leurs âmes ces premières notions du bien que le temps et l'expérience mûriront.

J'appelle peuple toute cette population qui regarde le travail comme une loi de l'humanité et qui vous dit : « L'oisiveté est la mère de tous les vices. »

J'appelle peuple toute cette population simple, antipathique aux guerres civiles et à toutes les révolutions, parce qu'elle sent merveilleusement, qu'en résumé, elle en supporte les dangers et les frais.

Ce qui n'est pas peuple est l'appoint de toutes les révolutions, la honte, le malheur de tous les pays.

La plèbe a pour courtisans les démagogues, la

pire espèce d'hommes, plus vils encore que les courtisans des rois.

Le peuple, le vrai peuple, s'en sépare instinctivement et se défie même des allures de ce qu'il appelle le bourgeois.

Si on prenait l'histoire, il ne serait pas difficile de montrer la démagogie au service des classes moyennes dans toutes les révolutions ; de même qu'on ferait toucher du doigt le concours spontané et sympathique du peuple pour la royauté, sous la monarchie ; pour les patriciens, à Rome, à Athènes et dans toutes les républiques. Je n'apprécie pas, je constate.

J'appelle démagogue tout homme qui vient dire au peuple : « Vous êtes souverain, vous pouvez décider et faire tout ce qu'il vous plaira ; votre volonté est absolue, vos décisions sont toujours justes ; vous pouvez ordonner le pillage ou le massacre de vos ennemis politiques ; vos droits sont antérieurs et supérieurs à toutes les lois et à toutes les constitutions. »

J'appelle démagogues ces hommes qui, au nom de la liberté, voudraient asservir le peuple pour s'en faire un instrument de domination et arriver ainsi au Pouvoir et aux richesses, but et terme de leur convoitise.

J'appelle démagogues ces hommes sans foi ni

conviction, qui ne parlent au peuple que de fraternité, et qui n'ont jamais songé à lui élever un
hôpital.

J'appelle démagogues ces hommes qui n'ont à
la bouche que le mot égalité, et qui n'ont travaillé
leur vie entière que pour niveler brutalement la société, dont ils escomptent d'avance les ruines et
les malheurs.

J'appelle démagogues ces mielleux orateurs qui
rougissent de leurs *frères et amis*, quand une
prospérité momentanée les fait monter du bas de
l'échelle sociale au sommet, où l'éblouissement
d'une grandeur inconnue leur donne le vertige.

J'appelle démagogues ces hommes qui ont lutté
une partie de leur vie au nom de la liberté, et qui
la bannissent comme un remords ou un hôte in-
commode, quand la faveur populaire les a élevés
sur le pavois.

J'appelle démagogues tous ces Catilinas de bas
étage qui, au nom du progrès et de la civilisation,
ont dépouillé les églises en 93, proscrit les nobles,
établi l'échafaud en permanence, et fondé le gouvernement sur les cadavres des suspects et des
innocents.

J'appelle démagogues ces politiques aventuriers
qui, bannis sous tous les gouvernements, monarchie ou république, ont renversé la Papauté au

nom de la liberté religieuse, détruit les couvents de la Suisse, pillé les catholiques au nom d'une liberté qu'avaient conquise avant eux ces valeureux défenseurs de l'indépendance helvétique, qu'ils poursuivent aujourd'hui de leur haine et dé leurs calomnies.

J'appelle démagogues tous ces politiques qui, sous divers noms, s'empressent de jeter leur défroque au vent dès qu'ils sont au pouvoir, reniant un passé de quinze ou vingt ans d'opposition, sous prétexte qu'ils ne peuvent gouverner avec les principes de leur opposition, et qu'il est plus honorable de se repentir que de mourir dans l'impénitence finale ou de succomber sous le dédain légitime d'une majorité honorable.

J'appelle démagogues tous ces écrivains, tous ces orateurs, tous ces prétendus publicistes qui, pour mieux cacher leur ambition ou l'odieux de leurs attaques, se réfugient dans les nécessités du temps et mettent sur les circonstances l'inanité de leur foi et de leurs convictions. Hommes sans cœur, sans entrailles, sans patriotisme, capables de toutes les bassesses (*omnia serviliter pro dominatione*); monarchistes sous la république, républicains sous la monarchie; caressant le peuple dans les élections, le flattant dans leurs discours, l'élevant dans leurs écrits, le jetant à la porte de leurs salons, le traitant avec dureté dans la domesticité, fermant la porte à la voix plaintive d'une pauvre femme qui mendie dans l'ombre ; donnant cent francs à leur arrondissement ou cent écus pour le bureau de bienfaisance, si le journal de la localité veut bien s'engager à faire connaître à l'opinion que « M. un tel, membre du conseil gé-« néral et député, fidèle aux sentiments d'une « généreuse et inépuisable philanthropie, vient de « faire remettre pour la classe laborieuse une « somme de 300 francs et que de tels actes n'ont « pas besoin de commentaires. »

J'appelle démagogues tous ces romanciers obscènes, tous ces écrivains impies qui ne respectent ni les mœurs ni la religion ; ouvriers des enfers, qui ont pris à tâche de dépraver les intelligences et d'avilir les âmes par la dégradation du cœur.

Charlatans de popularité, charlatans de philanthropie, je vous laisse, pour passer à la démocratie.

J'appelle démocrate, dans le sens élevé du mot, tout homme qui a voué son talent, son activité, son âme, sa vie, au bonheur du peuple.

J'appelle démocrate, non l'homme qui flatte le peuple, mais celui qui a le courage de lui déplaire pour le servir.

J'appelle démocrate l'homme qui réprime les passions populaires, qui résiste courageusement aux cris violents d'une populace en délire.

J'appelle démocrate l'homme qui, dans une réunion publique, n'écoute que le cri de sa conscience et combat une résolution qui flatte les penchants ou l'avidité des méchants.

J'appelle démocrate l'homme qui fonde des hospices, contribue à élever des hôpitaux, établit des salles d'asile, fait ouvrir des crèches, prépare un refuge à l'enfance et à la vieillesse.

J'appelle démocrate le riche qui, le soir, quand le vent souffle du nord, que la neige couvre la terre, va doucement à un sixième étage écouter les gémissements et les larmes secrètes d'une nombreuse famille, porter une parole de paix et de résignation à une pauvre mère entourée de ses petits enfants engourdis par le froid et mourant de misère, faute de vêtements, de pain et de bois, qui laisse une pièce de cinq francs en disant : Allons, mes braves gens, un peu de patience, je reviendrai vous voir.

J'appelle démocrate l'homme qui va trouver son curé et qui lui remet des secours pour les pauvres honteux de sa commune, afin de soulager la misère, sans agrandir la plaie du cœur par l'humiliation.

J'appelle démocrate l'homme qui veille sur l'enfance, qui élève des écoles pour les enfants du pauvre, qui regarde sa commune comme une grande famille dont il est le père et le conseiller.

J'appelle démocrate l'homme qui fonde des caisses de secours et de prévoyance pour les ateliers, les ouvriers, les gens qui vivent au jour le jour, qu'une maladie appauvrit pour un an, et jette quelquefois dans une misère irréparable.

J'appelle démocrate le médecin qui consacre une partie de ses veilles et de son talent au soulagement des malheureux, sans bruit, sans ostentation, parce que cela est bien et que sa conscience le récompense déjà en attendant que Dieu lui donne une couronne.

J'appelle démocrate le maire d'une ville qui répand sa fortune et son activité pour assainir les quartiers malsains, pour faire arriver les vivres à bon marché, qui sait comprimer l'émeute avec la fermeté stoïque de l'honnête homme, et qui ne se couche jamais sans pouvoir dire comme l'empereur romain[1] « qu'il a perdu sa journée, si par hasard il n'a pas fait quelque bien. »

J'appelle démocrate le magistrat intègre qui, du haut de son siége, rend la justice aux petits et aux grands, sans acception de personne.

[1] Titus.

J'appelle démocrate, l'avocat généreux et délicat qui ne prête son ministère qu'à l'équité, à la justice ; qui ne refuse ni ses conseils ni sa parole au malheur faible et opprimé ; qui rejette noblement l'offre séduisante du puissant et du riche contre le pauvre et le faible, quand la justice n'est pas du côté du riche ; qui défend l'inexpérience du pupille contre la cupidité honteuse d'un tuteur prévaricateur.

J'appelle démocrate le notaire consciencieux qui est le conseiller et non le spoliateur insatiable des familles qui lui confient leur honneur et leurs intérêts, et qui ferme impitoyablement l'oreille aux suggestions de la corruption ou aux transactions honteuses.

J'appelle démocrate le soldat, l'officier qui versent généreusement et souvent obscurément leur sang pour le maintien des lois, la défense de la patrie et l'honneur du drapeau confié à leur patriotisme.

J'appelle démocrate le marin qui, loin de son pays, va chercher sur une plage étrangère la mort, sans autre récompense que le sentiment du devoir, et sacrifie pour le bonheur de sa patrie des jours plus calmes qu'il pouvait achever au sein de sa famille.

J'appelle démocrate, l'orateur, l'écrivain, le

publiciste qui consacre son talent, son activité à éclairer les affaires et la marche de son gouvernement; qui regarde sa mission de s'adresser aux masses comme un noble et saint apostolat, et qui, plein de respect pour les intelligences et l'innocence des cœurs, parle à son auditoire ou à ses lecteurs comme un père honorable parle à sa femme et à ses enfants.

J'appelle démocrate l'industriel intelligent et dévoué qui ne voit dans ses ouvriers qu'une nombreuse famille dont il est le chef et dont il soigne les intérêts en véritable père de famille, veillant sur leurs mœurs et sur leur personne, comme s'ils étaient ses propres enfants.

J'appelle démocrate le négociant honorable et consciencieux qui, se considérant comme l'entremetteur, l'entrepositaire entre le producteur et le consommateur, se contente d'un bénéfice légitime, ne fonde sa fortune ni sur les nécessités du consommateur ni sur la détresse du producteur, en employant le mensonge pour tromper l'un et la fourberie pour exploiter l'autre.

J'appelle démocrate, l'ouvrier, l'artisan, le laboureur qui, fidèle aux lois de Dieu, se considère comme un des membres de la grande famille humaine, accomplit son devoir dans la position où la Providence l'a fait naître, sans haine contre ses semblables, sans jalousie contre ses égaux , sans envie contre ses chefs, contre les riches et les puissants du monde, toujours prêt à reconnaître la puissance de la loi dans la personne de ceux qui la font exécuter.

J'appelle démocrate l'artiste qui consacre son génie à la glorification de Dieu et au développement moral de l'humanité, soit qu'il rappelle aux hommes les pages sublimes de la bonté divine, les traits les plus capables de donner une idée de la grandeur de Dieu , de le faire aimer et bénir, soit qu'il retrace les actions dignes de mémoire des enfants des hommes, ou que, versant des torrents d'harmonie, il excite dans l'âme ces tendres et douces émotions qui agitent le cœur, l'élèvent sans l'énerver , et le prédisposent aux plus nobles inspirations.

J'appelle démocrate le savant qui pénètre les merveilles de la nature ou promène un regard intelligent dans les régions étherées , pour étudier les lois de la création, et révéler aux hommes la grandeur et la magnificence de celui qui a semé d'étoiles le firmament, et peuplé l'océan comme il a peuplé de plantes et d'animaux le globe que nous habitons.

J'appelle démocrate le prince sur le trône qui, se regardant comme le père de son peuple, ne

voit dans tous les hommes soumis à son sceptre
que les enfants d'une grande famille confiée à sa
vigilante activité ; qui gouverne avec équité dans
la mesure de sa puissance, qui consacre sa vie entière au bonheur de son peuple, se montrant doux
et humain pour les petits, sensible pour tous les
maux, accessible à toutes les infortunes, ferme et
sévère pour les méchants, n'oubliant jamais qu'il
est le représentant de Dieu sur la terre, et
qu'il n'a le Pouvoir que pour faire régner la justice.

J'appelle démocrate, et démocrate par excellence, le prêtre. Qu'est-ce que le prêtre? Devant
Dieu, c'est un homme, c'est un fils. Devant un
homme, le prêtre est plus qu'un homme. Apôtre
et soldat tout à la fois, dépositaire de la foi, foyer
d'espérance et de charité, soit qu'on le considère
au point de vue moral ou au point de vue social,
il touche à l'humanité par tous les points. Il est à
l'Église ce qu'est l'homme à l'humanité. Il en est
l'alpha et l'oméga. Point d'Église, point de prêtre ;
point de prêtre, point d'Église. Il est le canal qui
transmet les traditions aux fidèles ; il fait partie de la
communion des fidèles comme l'officier fait partie
de l'armée. Ce n'est point un simple soldat dans la
milice intellectuelle. Il reçoit tous les enseigne-
ments de la Mère des vivants, les transmet reli-

gieusement à ses enfants, car tous les hommes qui communiquent avec le prêtre lui donnent le nom de père, et ce père leur dit avec autant d'humilité que de vérité : « Voilà la loi et les prophètes.» C'est Dieu qui est le père commun des hommes : le Christ et son Église sont la tige de cette lignée immortelle qu'on appelle la famille chrétienne. Ainsi, dans l'ordre spirituel, le christianisme est l'image vivante de la société humaine qui s'appuie sur la famille dont elle n'est que le développement. Le Souverain Pontife n'est que le chef visible sur la terre de cette glorieuse légion de combattants qui ont pris pour drapeau la Croix, pour armes la résignation et la justice, pour patrie la cité de Dieu, dans le sein de qui le chrétien place seulement le bonheur. Il enseigne au peuple ce qu'il doit croire, ce qu'il doit espérer, ce qu'il doit faire. Croire, espérer, agir, c'est tout l'homme. La vie est un long acte de foi, une espérance de tous les instants et une action perpétuelle. La loi chrétienne est la plus complète et la plus parfaite. Supprimez une de ses prescriptions, l'homme est incomplet et il ne vit plus.

L'espérance est un vaste horizon, immense comme l'infini, où l'esprit de l'homme aime à se reposer jusqu'au moment où il lui sera donné de contempler Dieu face à face.

C'est la charité qui complète l'homme , c'est la charité qui fait du prêtre l'homme par excellence ; c'est cet amour de l'humanité en Dieu qui fait le prêtre. Il n'aime pas seulement ses semblables à cause d'eux-mêmes , il les aime, il les sert à cause de Dieu. Sa charité commence à Dieu et finit à Dieu, en traçant un vaste cercle où l'humanité forme la chaîne, sans qu'aucun anneau se brise ou se perde.

Suivez le prêtre depuis le jour où son évêque l'appelle, jusqu'à la tombe. Voyez cet ouvrier infatigable à la vigne du Seigneur. Il prend l'homme au berceau, lui donne la vie morale au sortir du sein de sa mère. Quand l'enfant commence à recueillir les premiers sons, à saisir les premières notions, c'est dans le sein de l'Eglise que le prêtre l'introduit pour lui apprendre la vie réelle, cette *bonne nouvelle*, qui sera désormais la règle de sa conduite ; il le suit partout avec la tendresse d'une mère, avec le dévouement d'un père. Confident de toutes ses pensées, de toutes les faiblesses de son cœur, il le console, l'encourage, l'affermit et le relève ; jamais il ne l'abandonne. Il bénit son mariage. C'est encore à son chevet, quand la mort est là, assise à ses côtés, que l'homme rencontre son meilleur ami, son dernier appui. Le prêtre le console dans ce moment suprême. Quand la famille absente lui fait défaut, quand un ami n'est point là pour lui fermer les yeux, quand le moribond jette un regard attristé sur cet abandon de la mort, soit qu'il foule une terre étrangère ou qu'il doive laisser sa dépouille mortelle dans un Hôtel-Dieu, il n'est point seul : un ami inconnu veille sur son dernier soupir; car le prêtre est l'ami de tous les hommes. Pour lui, point de patrie. Partout où Dieu est, le prêtre y est, et Dieu est partout, comme la charité du prêtre embrasse tout. Les petits enfants sont abandonnés; la nature est trahie dans la tendresse maternelle : le prêtre n'a de repos ni jour ni nuit, qu'il n'ait donné un asile à cette douleur innocente. L'hôpital des Enfants-Trouvés s'élève avec les trésors que la charité inépuisable d'un simple prêtre a recueillis. Il faut un asile à la vieillesse. Point de repos pour la charité chrétienne, que ces hôpitaux qui couvrent toutes les villes de l'Europe ne soient élevés; partout où la douleur, partout où la misère se révèle, le prêtre la soulage. C'est dans la main du riche qu'il va puiser cette récolte abondante qu'il distribue aux pauvres, en faisant bénir le riche et se résigner le malheureux qui s'adresse toujours avec confiance à cet ange consolateur.

A qui la veuve qui porte un nom illustre confie-t-elle les secrets d'une fortune amoindrie, d'une position malheureuse, les luttes secrètes d'une misère profonde et d'une honte mystérieuse? Au prêtre.

Qui reçoit les confidences d'une famille déshonorée? qui sera chargé d'envelopper d'un mystère honorable la faute d'un fils égaré ou d'une jeune personne compromise? La charité d'un prêtre.

Qui protège l'innocence de la pauvre fille contre les séductions du vice, les entraînements du cœur et les angoisses de la misère? Le prêtre.

Qui veille sur la chaumière où gît le malade, courbé sous les ans et les privations de tout genre? Le curé de la paroisse.

Qui console, qui fortifie la pauvre femme abandonnée à la violence d'un mari brutal? Le prêtre.

Qui a soin de l'ouvrier orphelin abandonné à la pitié publique? Le prêtre.

Où le prêtre puise-t-il pour secourir tant de misères, tant de douleurs? Pauvre, et souvent plus pauvre que ceux qu'il visite, n'ayant qu'un vêtement modeste et une nourriture commune, c'est au sein de la charité qu'il porte dans son cœur, dont il anime les autres, qu'il trouve ces secours, ces remèdes pour les malades, ces vêtements pour les pauvres, ces paroles pour les âmes affligées, paroles d'espérance et de vie qui raniment un moment comme la rosée qui tombe du ciel sur la fleur desséchée. Qui visite les hôpitaux, console les prisonniers, parcourt les bagnes et relève ces âmes abandonnées qui semblent avoir perdu tout sentiment humain ? Le prêtre.

Qui accompagne le criminel que la justice humaine condamne à porter sa tête sur l'échafaud ? qui se place, dans ce moment terrible, entre la justice inexorable des hommes et la justice miséricordieuse de Dieu ? Le prêtre. C'est lui que le criminel voit le dernier. Le condamné, au moment suprême, presse la main d'un prêtre pour tomber au tribunal de Dieu.

Les pauvres sont ses enfants de prédilection ; c'est pour eux qu'il abandonne père et mère. Le sacrifice n'est pas complet. Soldat infatigable, il traverse les mers pour porter l'Évangile aux infidèles. La mort, les supplices, le martyre l'attendent, qu'importe ! Le gibet de la croix est devant ses yeux ; partout où il y a un péril à vaincre, une douleur à soulager, une chaîne à briser, le prêtre marche, c'est son devoir et son bonheur ; car le prêtre a brisé les fers de l'humanité ; la doctrine du Christ a détruit l'esclavage ; l'homme est né libre, et le prêtre est l'homme de la liberté. Ce n'est point avec des armées qu'il renverse les tyrans et les despotes, c'est avec la vérité qu'il affranchit les peuples. La philosophie ancienne, So-

crate, Platon, Aristote, Cicéron et tous les doc-
teurs de l'antiquité avaient fondé la société sur
l'esclavage; le prêtre la fonde sur la liberté.

C'est bien l'homme de la démocratie par excellence. Ouvrez l'histoire depuis trois mille ans;
cherchez un démocrate dans les républiques polies
et cultivées de la Grèce, cherchez un démocrate
parmi les noms les plus illustres de Rome : la démocratie n'y est même pas soupçonnée.

J'attends qu'on me cite un démocrate dans les
temps modernes qui surpasse ou même qui égale
saint Louis, roi de France, et saint Vincent de
Paul.

La véritable démocratie est comme l'Autorité,
elle vient d'en haut. Dieu a donné la liberté à
l'homme, mais la liberté a besoin d'un protecteur.
Le Pouvoir n'a pas d'autre origine que cette nécessité sociale. Vouloir le règne de la liberté sans
le Pouvoir, c'est demander le règne de la Justice
sans la Force. Le peuple ne s'y trompe pas; c'est
pour cela qu'il accepte l'obéissance des princes et
des grands, et qu'il repousse les démagogues.

L'autorité et la liberté ne s'excluent donc pas
plus que la royauté et la démocratie.

Saint Louis ne fut point un despote, la Convention fut un tyran cruel.

S'il fallait subir le despotisme d'un seul ou l'arbitraire d'une assemblée, qui hésiterait?

J'ai vainement cherché la liberté, la démocratie dans les États républicains modernes. J'attends que la Suisse cesse d'opprimer et de spolier les catholiques, pour croire à la démocratie helvétique. Quant à la république des États-Unis, elle naît à la vie politique, et n'a de liberté que dans sa Constitution. Il faut être aveugle pour croire à une démocratie qui a la moitié de ses États en esclavage. *Esclavage* et *liberté!* Une fédération de planteurs qui sèment et qui récoltent avec des *bêtes humaines,* qui vendent des hommes, mâles et femelles, comme nos maquignons de Normandie vendent des chevaux ou des ânes, tant la pièce, tant la bête, suivant qu'elle est jeune ou vieille, forte ou faible! Et vous appelez cela la liberté américaine, la démocratie des États-Unis! c'est sur ce beau modèle que vous voudriez gouverner la France! Belle liberté, belle démocratie qui vous met sous le fouet d'un rustre qui vous exploite comme une bête de somme, et qui vous donne la pitance comme à un boule-dogue! Beau gouvernement, que cette démocratie américaine, où la femme est vendue avec ses petits, comme la femelle dans les haras de l'État!

Eh bien! entre la servitude d'un planteur, entre

le fouet d'un Américain de la Caroline ou de la Virginie, ou le canon d'un despote tel que Louis XIV et Napoléon, esclavage pour esclavage, servitude pour servitude, mon choix est fait. Du moins j'obéis à un homme de génie, le prestige de la victoire me consolera un peu; j'aime mieux mourir sur le champ de bataille pour la défense de mon pays ou la gloire d'un grand homme, que de traîner la brouette pour un marchand de coton. L'égalité qui règne sous un prince absolu efface tous les rangs. L'homme, en mourant, peut trouver un regard de sympathie en jetant ses yeux sur un chef dont il seconde la valeur. L'esclave qui expire, mugit et murmure en tombant sous les coups du maître infâme qui le tue et qu'il maudit. La hutte du sauvage, la case du nègre me tentent peu. La gamelle du soldat français me séduit plus que la pâture de l'esclave. Disciples de Rousseau qui regrettez l'*état de nature*, allez en Amérique, allez vous reposer aux pieds de Washington! Je vais aux Invalides contempler les nobles débris de nos vieilles gloires nationales et m'asseoir, un moment entre le tombeau de Napoléon et la statue du grand Roi.

XI

PASCAL, Pensées, art. 8, § 3.

« Jusqu'ici, malheureusement, l'enthousiasme
« populaire, surtout dans les campagnes, ne s'est
« guère manifesté que pour des princes[1]. »
M. Émile de Girardin convient que cela est
vrai, et il ajoute : « Puisque tous les princes
« qui se succèdent se ressemblent, qu'y a-t-il à
« faire? Renverser l'échelle, mettre en bas le
« bout qui était en haut, et mettre en haut le
« bout qui était en bas[2]. » Voilà qui est expédi-
tif. La Révolution de Février avait fait ce que re-
commande M. de Girardin, elle avait renversé
l'échelle; le peuple a repris l'échelle et l'a replacée
comme elle était avant la Révolution. C'est bien le

[1] M. Geniller, *Bien-être universel*, cité par M. E. de Girard'n,
La Révolution légale.
[2] *Idem.*

peuple qui a mis l'échelle sous les pieds de Louis-Napoléon Bonaparte ; c'est bien le peuple qui l'a dressée, comme les soldats ou les guerriers de la Germanie et des Francs, dont nous descendons, élevaient leurs chefs sur le pavois ; c'est bien le peuple qui l'a élevé sur le pavois ; le peuple, tel que je l'ai défini dans le paragraphe précédent, le peuple des travailleurs, l'atelier et la campagne, l'artisan et le laboureur, le soldat et le marin, le prêtre et le noble, la France, enfin ; car elle est là presque tout entière.

J'en demande bien pardon aux utopistes, aux partisans du Contrat social : il y a dans ces six millions de voix données à un prince le lendemain d'une révolution contre la monarchie, un fait immense, un phénomène qui tient à l'ordre moral, que je ne puis m'expliquer qu'en essayant de pénétrer au fond des choses.

Voilà un homme proscrit par les lois de son pays, qui erre dans toutes les contrées de l'Europe, qui ne connaît la France que par la captivité. Cet homme est né prince, jamais il n'a régné, jamais il n'a commandé une armée, jamais il n'a commandé une flotte. La révolution qui s'est accomplie en février écrit sur le frontispice du temple de sa victoire : « Liberté, Fraternité, Égalité. » Le gouvernement qui la dirige abolit la peine de mort en matière politique. Noble arrêt, mais incomplet, car tous les enfants de la France ne sont point sur son sol. La proscription reste écrite au fond de la République. Un seul homme la fait trembler! Un nom seul l'épouvante! Elle semble douter de sa propre existence. La souveraineté du peuple chancelle sur sa base. On dirait que ceux qui la proclament n'y croient pas. Les comices se rassemblent. Jamais un grand peuple n'a été plus calme, plus imposant que le 23 avril 1848[1]. La France entière envoie au sein même de la révolution 900 délégués, ses représentants, pour arrêter, gouverner ou diriger le lion sorti des barricades de février. On ne dirige pas plus une révolution qu'on ne dirige un torrent ou le cours impétueux d'un grand fleuve sorti de son lit. Quand Dieu permet la colère d'un peuple, il n'est donné à aucune puissance humaine de la dompter. Lui seul gouverne les peuples et les rois, lui seul commande aux flots de l'océan de respecter ses rivages.

La *Constituante* est souveraine, elle le dit, elle le croit peut-être; le peuple, la France n'y croient pas. Le peuple, celui dont j'ai parlé dans le paragraphe précédent, attend un chef. Il ne croit pas

[1] Jour des élections générales, où le suffrage universel a été appliqué pour la première fois.

au nombre, il ne croit qu'à l'unité ; il ne croit que ce qu'il voit dans la nature, et il n'accepte en politique que ce qu'il croit, que ce qu'il sent, que ce qu'il voit dans la pratique de la vie.

Vainement l'Assemblée *constituante* essaie de rejeter, sous l'inspiration d'un *Directoire* inquiet, le nom que les masses commencent à murmurer tout bas. Le Souverain a parlé : bon gré, mal gré, il faut obéir. Le prince Louis-Napoléon Bonaparte est déclaré représentant du peuple français.

La démagogie de l'Assemblée redoute cet homme qui vient s'asseoir silencieusement à ses côtés. Elle jette sur lui un regard inquiet, malveillant. Elle insinue que la République est en danger. Le sénat français renferme dans son sein un nouveau César. Louis-Napoléon monte une seule fois à la tribune pour déclarer en peu de mots qu'il n'est point un *prétendant*. La démagogie n'est point rassurée, elle doute de la puissance de son œuvre. Chargée de faire une Constitution, l'Assemblée constituante n'obéit point aux chefs habituels de l'ancien parlement. Les nouveaux venus règnent en souverains. La Constitution qui s'élabore sort tout entière dressée contre Louis-Napoléon. Les journées de Juin avaient élevé sur le pavois un général obscur pour en faire le chef du gouvernement. Dictateur absolu, il avait sauvé, ont dit ses amis, la civilisation. Ce même général devait recueillir de la reconnaissance nationale le sceptre du commandement pour prix de son dévouement et de son patriotisme.

La démagogie qu'il avait vaincue ne pouvait lui pardonner. La bourgeoisie qu'il avait sauvée lui devait tout. Vengeance d'une part, reconnaissance de l'autre, tel était le bilan du général Cavaignac au jour de la lutte électorale.

Le concours de toutes les autorités lui est acquis. Une légion de trois ou quatre cent mille fonctionnaires est à ses ordres. Le commerce, la banque, tout le monde des affaires salue dans le général Cavaignac le sauveur de la société. Il a une armée, des journaux, une liste civile dans les fonds secrets, le télégraphe; tous les éléments qui centuplent la force d'un homme politique, faveurs, places, décorations, rien n'est négligé. L'Assemblée constituante, qui compte des hommes de talent et de conscience dans son sein, compromet l'honneur de son mandat en descendant dans l'arène électorale. Les représentants quittent leur poste, parcourent les départements, réchauffent les uns, exhortent les autres, représentent le sort compromis de la République, et par conséquent de la France, si le général ne conserve pas le pouvoir. Ses services passés sont rappelés, ses garanties pour l'avenir sont énumérées avec complaisance. Jamais lutte ne fut plus vive, jamais victoire ne fut plus vivement disputée.

Au dessous de cette lutte athlétique, dans les bas-fonds de la société, la démagogie tient l'échelle du Pouvoir par les deux bouts, pour répéter l'expression métaphorique de M. de Girardin. Deux hommes s'y cramponnent, essaient vainement de la relever. MM. Raspail et Ledru-Rollin se disputent les faveurs de la plèbe ; ces deux citoyens ne recueillent pas chacun cinq cent mille voix dans ces régions inférieures où ils sont tombés. L'échelle reste dans la boue.

L'acclamation de la bourgeoisie avait étouffé le cri de la démagogie. Cependant la France n'était pas là. Le triomphe du général Cavaignac eût été la restauration de la politique tombée en Février. C'était la politique de la peur ; c'était la reconnaissance basée sur l'intérêt. La *Constituante* n'avait pas senti la fibre nationale. La France ne voulait ni des démagogues ni des spéculateurs pour souverains. Elle voulait un nom. Soit vanité, soit habitude, le peuple français aime la gloire. Le cri de guerre ne l'épouvante que si c'est le tocsin des révolutions qui résonne dans ses campagnes. Seul, sans autre puissance que la grandeur de son nom, le prince Louis-Napoléon Bonaparte se présente aux acclamations de la France. C'est au peuple qu'il s'adresse. Il n'a pour le séduire ni préfets, ni sous-préfets, ni procureurs généraux, ni juges de paix, ni fonctionnaires d'aucune espèce. Point de trésors pour gagner les consciences, point de places, point de faveurs à distribuer, point de décorations à donner. A peine quelques représentants qu'un souvenir de jeunesse a groupés auprès de son berceau ; quelques débris de l'Empire répandus çà et là sur le sol de la patrie. Le nom de l'Empereur se réveille dans les âmes. L'idée de despotisme disparaît sous la gloire. Ce prestige du nom frappe le peuple, qui sent instinctivement qu'il a un ennemi dans la démagogie, un rival dans la bourgeoisie, un ami dans le clergé, un protecteur dans la noblesse : peuple, nobles et prêtres votent comme un seul homme, et saluent dans Louis-Napoléon, non l'homme que le mensonge et la calomnie ont essayé d'avilir, mais le Prince qu'ils veulent pour chef, parce qu'un simple général est trop petit pour eux, et qu'un démagogue est indigne de gouverner.

C'est bien le peuple qui a donné six millions de voix au prince Louis-Napoléon Bonaparte. Abandonné à ses propres impressions, le peuple est supérieur dans ses résolutions. Son bon sens, ses nobles instincts, ses habitudes simples, tout en lui révèle l'élévation du sentiment, le courage et le dévouement. Dans la Commune, c'est toujours à l'homme haut placé par la naissance, l'intelligence ou la fortune qu'il s'adresse. Pour exercer l'ascendant sur le peuple, il faut être grand comme lui. C'est toujours au-dessus de lui que l'homme du peuple porte ses regards. L'homme du peuple sent à merveille que le fils d'un grand général aura plus de considération que son fils, à mérite égal. L'homme du peuple n'ignore pas que le fils d'un millionnaire aura plus d'influence que le sien, s'il fait un noble usage de sa fortune. L'homme du peuple n'ignore pas que son fils cultivateur, simple soldat, marin ou artisan, n'est point l'égal du fils de son voisin, magistrat éminent ou avocat célèbre. Voilà le bon sens. Jamais il ne reconnaîtra son égal pour chef. Quand les démagogues veulent gouverner le peuple, ils prouvent qu'ils ne le connaissent pas en proposant à son respect et à son obéissance des noms inconnus.

Pour gouverner un peuple, il faut le dominer par le génie ou par le nom, par la vertu ou par la naissance, par la fortune ou par le courage, *toutes supériorités qui me permettent, l'histoire à la main, de répéter ce que j'ai dit :*

« Le Pouvoir se prend et ne se donne pas. »

D'où je conclus que les orateurs ou les écrivains

qui se sont flattés d'avoir donné le pouvoir à Louis-Napoléon sont dans une illusion complète. Les orateurs, les écrivains étaient du côté du général Cavaignac. Le nom de Napoléon est plus grand que la prose des hommes illustres qui en ont parlé. Le peuple ne lit pas ; il sent, pense et agit.

Les fondateurs de la monarchie de Juillet 1830, les fondateurs de la monarchie belge de septembre 1830 ont été plus habiles que l'Assemblée Constituante de 1848, qui a prétendu fonder la république en France.

On ne fonde pas un gouvernement parce qu'on délibère une *Constitution*. Une Constitution (quoique les Constitutions soient très-contestables en fait de gouvernement), une Constitution écrite n'est quelque chose qu'autant qu'elle retrace et qu'elle exprime parfaitement les besoins, les mœurs, les *lois pratiques* d'un peuple, celles qui tiennent à ses entrailles, qui sont pour lui une habitude invétérée, une seconde nature. Tout gouvernement qui aspire à changer brusquement ces traces que le temps seul a sillonnées dans la vie d'un peuple, manque son but et court risque, en froissant les intérêts et les sympathies, de trouver la mort où il cherchait la vie.

Quand 221 députés qui avaient excité la révolte sous le roi Charles X, sans autre mandat et sans

autre pouvoir que celui qu'ils puisaient dans l'ambition du pouvoir même, eurent déclaré le trône
vacant en *fait* et en *droit*, évidemment on pouvait
croire qu'ils étaient les maîtres de la situation et
qu'ils pouvaient disposer du trône, que la faiblesse
d'un illustre vieillard n'avait pu défendre. Les radicaux de 1830, pères des radicaux de 1848,
avaient songé à proclamer la république. C'était
avancer de quelques années le règne d'un gouvernement qui n'était point dans les mœurs de la nation. La Chambre des Députés, du moins les 221
membres qui prenaient sur eux la responsabilité
de cette révolution qu'ils subissent maintenant, et
dont ils ne sauraient se plaindre sans injustice,
proposèrent-ils aux acclamations populaires quelque orateur célèbre, quelque général illustre? Non.
Il y avait sur les marches du trône un prince du
sang, riche, puissant, le plus riche et le plus grand
par sa naissance, celui qui avait en réalité la *popularité* du moment, c'est-à-dire cet ascendant qui
donne le Pouvoir, que personne ne conteste, ou
que du moins subissent ceux mêmes qui au fond
de l'âme ne l'environnent ni d'estime ni de respect.
Si les 221 Députés de 1830 s'étaient avisés de reconnaître pour roi Lafayette ou le général Foy,
Benjamin Constant ou Laffitte, les chefs de l'opposition ; combien aurait régné un pareil monar-

que ? Un mois ! je n'oserais l'affirmer. L'usurpation n'eût été plus coupable ni moralement ni politiquement. Le chef de la dynastie vivant, le duc d'Orléans n'avait pas plus de droit de monter sur le trône que Lafayette ou Laffitte. Qu'eût-il donc manqué à ces rois bourgeois pour monter sur le trône ? Ce qu'avait le duc d'Orléans : un nom ! Le duc d'Orléans était prince du sang. Il était prince ! Quand on n'est pas né sur le trône, on ne gouverne, on n'est chef que par le génie. César et Napoléon Bonaparte étaient princes par leur épée. Le conquérant des Gaules, le vainqueur de Pompée, le dictateur de Rome avait bien le Pouvoir quand le poignard des conspirateurs l'en fit descendre. Le vainqueur de Marengo, le conquérant de l'Italie et de l'Égypte, le premier consul avait bien le Pouvoir quand il se fit sacrer Empereur en 1804. Il n'avait fait que changer de nom. Or, ce n'est pas le nom qui fait le pouvoir. Roi, empereur, dictateur, consul ou tribun, peu importe !

Quand le prince Léopold de Saxe-Cobourg-Gotha fut appelé à gouverner la Belgique, il avait déjà refusé la couronne de la Grèce. C'est sur les marches du trône d'Angleterre que la Belgique lui offrit ses hommages. Hommages bien mérités, car jamais prince ne fut plus digne de porter une couronne ! Honnête homme dans le sens élevé du mot, plein de respect pour la liberté, le roi Léopold s'est montré depuis vingt ans l'ami le plus éclairé et le plus dévoué des vieilles institutions des anciennes provinces des Pays-Bas.

Là aussi, des esprits ardents tentèrent de faire consacrer la forme républicaine. Je ne sais ce que la Belgique aurait gagné à se mettre en république. Au lieu d'obéir à un roi qu'elle respecte et qu'elle aime, elle se fût jetée dans les agitations permanentes où l'esprit de parti a poussé la Suisse depuis dix ans! Les Belges jouissent de toutes les libertés. La liberté est vieille en Belgique. C'est dans la Commune qu'elle est née ; c'est dans la Commune qu'elle s'est réfugiée à toutes les époques des gouvernements étrangers qu'elle a dû subir avant d'arriver à l'indépendance. L'honneur du Parlement belge est d'avoir compris et secondé les sentiments généreux du prince qui a porté sur le trône la simplicité des vertus antiques et la grandeur morale qui élève le Pouvoir dans l'esprit des peuples. Assurer à un peuple l'indépendance et la liberté, c'est la gloire d'un roi. Cette gloire revient tout entière à Léopold Iᵉʳ, qui partage avec l'illustre maison d'Orange-Nassau l'honneur de gouverner un peuple libre!

La loi fondamentale de ces deux États n'est point une Constitution *à priori*. C'est la consécration des coutumes, des *lois pratiques*, des institutions municipales qui ont fait la vie de ces peuples depuis trois siècles. La maison d'Orange-Nassau est restée fidèle aux traditions de Guillaume-le-*Taciturne*. C'est aux anciens stathouders que la Hollande doit son indépendance et sa liberté. Le règne de Léopold rappelle le gouvernement paternel de Marie-Thérèse, cette femme-roi, dont le nom est si cher, qui n'a de modèle dans l'histoire que Louis XII, roi de France, que ses contemporains et la postérité ont appelé le *Père du peuple.*

Les Hollandais et les Belges ne savent pas ce que c'est que l'égalité. La patrie de Grotius n'est point tombée dans l'absurde. La maladie de la France, c'est l'amour de l'égalité, dernier degré de l'abrutissement des âmes. Or, l'égalité pour l'esprit démagogique, c'est la haine instinctive et traditionnelle de toute supériorité sociale. Nous ne parlons de liberté que dans nos livres. Nous ne la comprenons pas et nous n'en voulons pas, c'est-à-dire que chaque parti la veut exclusivement pour soi, critiquant systématiquement tout gouvernement qui ne suit ni ses passions ni ses intérêts.

XII

*Beata vita merces bonorum est : bo-
nitas opus est, beatitudo merces est.*

La récompense des bons n'est autre
chose que la vie heureuse; la vertu
est comme l'œuvre dont la félicité est
le prix.

S. Augustin, *Sermo* III.

Le bonheur est le but de l'homme. Le bonheur
est le terme des sociétés humaines. Faire de la liberté « le but et la perfection des sociétés, » comme
l'a écrit M. Guizot[1], c'est confondre le but et le
moyen. Dieu a donné à l'homme la liberté pour
mériter le bonheur. Enlevez la liberté à l'homme,
ce n'est plus qu'une machine intelligente, capable
de saisir les rapports des choses. La vertu disparaît
à l'instant, et « la félicité qui est le prix de cette
vertu, » suivant la belle expression de saint Augustin, n'a plus de raison d'être. Pourquoi une
récompense à qui n'a pas fait le bien ? Quel bien,
quel mal peut faire un être qui n'est pas libre ?
Qui a jamais songé à punir un être inanimé qui

[1] M. Guizot, *Histoire de la civilisation en France*, cité par M. E.
de Girardin dans l'*Abolition de l'autorité*, p. 150.

écrase dans sa chute le voyageur inattentif? Qui a jamais songé à punir ou à récompenser l'animal stupide dont toute la vie n'est que le développement d'un instinct naturel?

La sanction morale est donc la condition de toute liberté, comme la liberté est la base indispensable de toute idée morale. Le devoir qui crée le droit, si droit il y a, le devoir est imposé à tous les êtres intelligents comme règle de leur développement dans l'ordre social et politique. Au fond, la justice qui protége la liberté est le but final de tout gouvernement, de toute Autorité, de tout Pouvoir, humainement parlant.

Mais, la liberté et la justice supposant une sanction, il faut que l'Autorité puisse, même ici-bas, faire respecter l'une et régner l'autre.

Qu'est-ce qu'une *liberté* qui ne serait pas *libre?* Qu'est-ce qu'une justice qui n'existerait que dans l'esprit ou l'imagination des hommes? Non que l'idée de justice et de liberté soit d'invention humaine; mais la liberté, principe naturel qui doit se traduire par un fait, c'est-à-dire pouvoir exister, se réaliser, a besoin d'être protégée dans ses mouvements. Or, si la liberté est, dans la condition de l'homme et des sociétés, un élément indispensable du développement, si elle donne naissance à toute cette législation pénale qu'on retrouve chez tous les peuples à un plus ou moins haut degré de perfection, n'est-il pas également vrai que la sanction de ces lois civiles et criminelles s'appelle chez toutes les nations policées ou barbares, d'un nom unique, représentant la même notions la même idée, le même fait, la JUSTICE?

Vouloir le règne de la Justice par la Liberté, c'est demander aux hommes de vivre comme des saints et comme des anges. C'est demander à l'humanité de secouer le joug des passions. L'avarice, l'injustice, la violence, le vol, la concupiscence, le meurtre, tous les crimes qui couvrent la terre devraient disparaître du monde. La déchéance morale de l'homme ne serait plus qu'un vain mot. L'univers serait un paradis terrestre. L'homme trouverait le bonheur ici-bas. Sa destinée s'accomplirait en ce monde; il serait immortel, car il ne porterait pas en lui le germe de mort que Dieu dépose dans son sein quand il l'appelle à la vie. Les sociétés humaines sont-elles cela? Si l'humanité est un mélange inexplicable de passions et d'intérêts qui se froissent, s'entre-choquent à chaque pas de la vie, où sera le modérateur qui comprimera le choc? où sera le régulateur qui empêchera cette lutte impie qui serait le chaos et la mort? La liberté, dites-vous! — La liberté! mais c'est la question même qu'il s'agit de résoudre! Adversaires inconséquents de l'Autorité, ennemis du Pouvoir, vous ne voyez pas que vous invoquez en vain le nom de la Justice pour jouir de la liberté, si une main puissante ne vient protéger votre faiblesse contre la violence? « L'Ordre par la Liberté, » ajoutez-vous! Qui fera régner l'ordre? qui fera respecter la liberté? qui imposera la Justice, qui pèse dans la balance le Bien et le Mal? Mais qu'est-ce que l'ordre lui-même? N'est-ce pas la Justice mettant chacun et chaque chose à sa place? L'ordre, qu'est-il au fond, dépouillé de cette phraséologie creuse et vide de sens, monnaie courante dont se paient les simples, l'ordre qu'est-il, si ce n'est la Justice régnant, étendant son empire et son sceptre dans le monde moral, social et politique?

Vous ne voulez ni autorité politique ni autorité gouvernementale, vous ne la reconnaissez pas[1]! C'est-à-dire que vous ne voulez ni liberté, ni justice; et la raison que vous en donnez, c'est qu'il faut choisir entre l'Autorité et la Liberté, « parce que, dites-vous, les conditions de leur existence sont diamétralement opposées. » Quoi! il serait vrai que l'autorité et la liberté seraient diamétralement opposées? L'humanité, la société auraient marché depuis près de six mille ans

[1] M. E. de Girardin, *de l'Abolition de l'Autorité*, p. 7.
[2] *Ibid.*, p. 4.

avec l'Autorité, et le monde aurait vécu dans un esclavage dégradant depuis la création jusqu'à nos jours ! il nous fallait les publicistes de l'école moderne pour nous apprendre que la loi du Christ est la loi de liberté, la SEULE loi de liberté ! Non, le monde du passé n'est pas aussi ignorant que vous le faites. Depuis dix-huit siècles, quoi que vous disiez, l'humanité marche, lentement, parce qu'elle s'arrête de temps à autre, comme le voyageur fatigué qui, gravissant la montagne, jette un regard en arrière pour mesurer le terrain qu'il a parcouru. Quand l'orage des révolutions vient à éclater sur les sociétés humaines, le ciel obscurci dérobe l'horizon véritable aux populations égarées. Elles cherchent avec inquiétude de nouveaux maîtres, de nouveaux pasteurs, pour les conduire dans les plaines de la vie, agneaux timides que la fureur des animaux voraces a dispersés en les arrachant à la vigilance d'un berger impuissant.

« Le temps de la liberté est venu, » dites-vous. « Elle cherche sa forme [1] ; » vous ne doutez pas qu'elle ne la trouve [2], et pour donner plus d'ampleur à cette forme, vous commencez par abolir l'Autorité. Il est vrai qu'abolition de l'Autorité, cela veut dire, suivant vous :

[1] M. E. de Girardin, *Les deux unités.* (*Presse* du 18 avril 1851.)

« Plus de constitutions écrites ;

« Plus d'Assemblée législative ;

« Plus de présidence de la république [1]. »

C'est mal poser la question. Il fallait dire dans votre système que la liberté est inconciliable avec des constitutions écrites, des Assemblées législatives et la présidence de la République. Mais, comme vous ne voulez ni de la souveraineté royale ni de la souveraineté du peuple, et qu'il faut bien vouloir quelque chose sous peine d'être absurde, vous proclamez la justice et l'avénement de la souveraineté individuelle comme la condamnation et la déchéance de toute souveraineté arbitraire.

C'est donc le *palladium*, le château-fort de la liberté, la *souveraineté individuelle*. La citadelle me paraît faible devant des adversaires aussi ardents que les partisans de la monarchie et les disciples de la souveraineté du peuple. Ou votre proposition ne veut rien dire, ou cela signifie que l'individu peut se garantir lui-même contre les violences de la foule ou les injustices de la monarchie. Comment résister aux unes et repousser les autres ? Voilà un homme qui se retranche résolûment dans sa *souveraineté individuelle* et qui me-

<hr>

[1] *De l'Abolition de l'autorité*, p. 8.
[2] *Ibid.*

nace de braver la foudre populaire ou les caprices de la monarchie! Ce n'est pas sérieux, n'est-ce pas?

Et c'est là cette formule qu'il vous a fallu trois ans de votre vie pour découvrir, afin que le peuple ne fût ni SUJET ni TYRAN[1]! Formule facile, dites-vous, que Rousseau n'a pu résoudre dans son *Contrat social;* et c'est cependant, ajoutez-vous, la chose la plus simple.

« Il y avait, ce sont vos propres expressions, à demander à tous et à chacun :

« Que voulez-vous mettre en commun, et que voulez-vous ne pas y mettre? »

Qu'un homme d'esprit pose de pareilles questions pour occuper ses loisirs, et montrer à des lecteurs complaisants la flexibilité de son intelligence et son habileté de rhéteur, je le conçois jusqu'à un certain point. Qu'un homme sérieux dise à trois ou quatre cent mille lecteurs : « Faites-moi le plaisir d'examiner mes tours de force. Je manie la plume et la dialectique avec autant de facilité qu'un maître d'escrime manie une épée, et un jongleur de place publique un gobelet. Vous avez cru jusqu'ici que deux et deux font quatre, je vais vous démontrer le contraire; vous avez cru que le blanc était blanc, je vais vous prouver victorieusement que le blanc est noir et

<hr>

[1] M. E. de Girardin, *Les deux unités. Presse* du 18 avril 1851.

que le noir est blanc.» Voilà, j'en demande pardon à la réputation de M. E. de Girardin, ce que je ne puis ni admettre ni comprendre.

Je ne m'étonne pas que vous trouviez inconciliables l'Autorité et la Liberté; mais vous m'avez promis la Liberté sans Autorité. Eh bien! il faut vous démontrer que vous ne laissez même pas l'illusion de l'espérance aux âmes les plus généreuses et les plus candides.

Je pourrais vous dire : « Relisez ce qui précède, parcourez les premiers chapitres de ce travail informe, et, tout médiocre, tout faible qu'il est, il suffit largement aux hommes de sens et de bonne foi pour se convaincre que l'Autorité, fondée sur la *convention*, est un songe creux, un rêve sorti tout entier du cerveau malade de Rousseau. »

Vous avez provoqué une réponse de vos lecteurs, même les plus obscurs : je suis du nombre, et je vous demande :

La souveraineté individuelle, même juste, c'est bien votre pensée, puisque ce sont vos termes, commandera-t-elle ou obéira-t-elle? Elle ne peut faire que l'un ou l'autre.

Si elle commande, la voilà Autorité. Évidemment ce ne peut être votre pensée, puisque cette solution implique contradiction.

Elle obéira peut-être ; alors vous rentrez dans

la souveraineté du nombre, dans la souveraineté nationale; et je me rappelle que vous ne voulez pas plus de la souveraineté du peuple que de la souveraineté du roi. Que sera donc cette *souveraineté individuelle*, à moins qu'elle ne se commande à elle-même, ce qui est absurde?

Mais, allons plus loin. La France compte trente-six millions d'habitants; les femmes et les enfants sont autant dans l'ordre moral que les hommes, les femmes et les enfants ne sont rien dans l'ordre politique. Contentons-nous des onze millions d'é-lecteurs, tels que nous les avait donnés le suffrage universel. Voilà onze millions de souverains fort embarrassés de *leur souveraineté;* les plus faibles n'ont rien à craindre des plus forts, si ceux-ci sont *justes.* Je le reconnais. Mais apparemment que vous n'irez pas jusqu'à soutenir que ces onze millions de *souverains*, indépendants les uns des autres, sont tous des *Aristides.* Il se trouvera bien çà et là quelques voleurs, des hommes violents, in-justes, qui abuseront de leurs forces et de leur supé-riorité physique et morale pour affliger les faibles, opprimer les innocents, dépouiller ceux qui ont, et s'enrichir *arbitrairement* au détriment d'autrui.

Qui mettra l'ordre dans ce désordre? qui fera régner la liberté au profit de tout le monde? qui protégera les petits contre les grands, les pauvres contre les riches, les abandonnés contre les puissances du moment?

Qui fera régner la justice? car la justice est une abstraction; c'est un principe que tous les hommes portent dans leur conscience, dont ils ont l'idée innée, parce qu'elle vient de Dieu comme toute idée morale.

Si la justice est un don de Dieu, elle n'a, elle ne peut avoir une complète satisfaction que dans une autre vie, dont lui seul a le secret et l'impénétrable mystère; mais, en attendant cette justice éternelle, la justice humaine, qui n'en est qu'un faible rayon, doit guider l'humanité dans la voie du bonheur. Suffit-il de dire à un meurtrier, à un voleur, à un empoisonneur, à un malfaiteur: « Mon ami, votre action est mauvaise, ne recommencez pas, car Dieu punit les méchants et récompense les bons?» Dieu n'a pas voulu qu'il en fût ainsi; il a imposé à tous les hommes l'obligation morale de se défendre les uns les autres: de là le devoir de la charité. Ce n'est pas en vertu d'un *droit* que nous arrêtons un voleur, c'est en vertu d'un *devoir*. Eh bien! si cela n'est pas contestable, n'est-il pas permis de conclure sur ce point que la liberté, qui n'est qu'un moyen pour arriver au bonheur, que la justice elle-même, qui n'est que le plus haut perfectionnement de la morale humaine, ont besoin l'une et l'autre d'une consécration, d'une sanction pour les décisions du devoir, base de toute justice? C'est la Peine, le Châtiment. Or, la Peine, pour être exécutée dans les destinées humaines, appelle à son secours un exécuteur inexpugnable : la Force!

Donc la FORCE est une des conditions du Pouvoir, puisqu'elle est la sauvegarde de la liberté et l'instrument de la justice, source du bonheur. Or, c'est bien le bonheur que poursuivent tous les hommes ; c'est bien le but des sociétés humaines.

Dieu lui-même a besoin de la Force pour faire régner la Justice. La mort, à laquelle tous les hommes sont fatalement condamnés, qu'est-ce, si ce n'est la puissance suprême se révélant au monde par l'anéantissement de la créature? Est-il une Force comparable à celle-là? La justice humaine, dans l'exercice de sa plus haute sévérité, ne pouvait rien trouver de plus implacable que cette peine, que ce châtiment irrémissible qui place le criminel devant Dieu au sortir de la vie. C'est peut-être l'argument le plus sérieux contre la peine de mort, question immense qui n'entre pas dans mon sujet, que je signale en passant, comme le voyageur se fait indiquer sur la route le point le plus élevé qui lui permette d'apercevoir au bout de l'horizon le terme de son voyage.

XIII

L'obéissance est la loi fondamentale des sociétés. Dieu la donne lui-même à l'homme dans la personne du Père du genre humain. La loi est absolue : la sanction est au bout. « Si tu manges du fruit de la science du bien et du mal, TU MOURRAS. » Ce mystère de la chute de l'homme, tout impénétrable 'qu'il paraisse, est peut-être encore moins incompréhensible que les misères humaines sans cette faute première d'où découlent toutes les autres. C'est bien la Force, dans toute l'énergie du mot, que cet arrêt suprême prononcé contre l'humanité entière. La mort, voilà le terme de la vie humaine ; la mort, voilà le châtiment du premier homme, transmissible à ses descendants, sans exception aucune ; la mort, voilà la loi absolue de l'humanité.

Mais ce châtiment, cette peine, la plus grande que Dieu lui-même pût porter contre sa créature, qu'est-ce, à tout prendre, dans le sens moral et philosophique, dans le sens social et politique? N'est-ce pas la justice de Dieu exerçant son empire dans le temps? n'est-ce pas une loi d'égalité frappant les petits et les grands, le savant et l'ignorant, le riche et le pauvre, le fort et le faible, le juste et l'injuste, sans acception de personne, sous la réserve de peser dans l'éternité l'usage que chacun aura fait de sa liberté sur cette terre d'épreuve, où Dieu dit aux enfants des hommes : « Voilà le bien, voilà le mal. Votre conscience est le lieu de délices, ce paradis terrestre où l'intelligence vous guidera. Deux portes sont ouvertes : l'une conduit à la VIE, l'autre à la MORT; choisissez, VOUS ÊTES LIBRES. »

La justice de Dieu, quoique absolue, se trouve en présence de la Miséricorde, aussi absolue et aussi infinie que l'immensité de ses autres attributs. L'homme est trop faible pour voler de ses propres ailes dans les régions où Dieu appelle ceux qui obéissent à sa voix.

Incapable d'arriver de lui-même à sa destinée, il trouve en naissant le génie bienfaisant de l'Autorité, qui lui montre la route de la vie et signale à son inexpérience les dangers du voyage, les écueils qu'il doit éviter dans cette périlleuse pérégrination dont le terme lui est inconnu. Dieu mesure la route, le point d'appui ; ce port est toujours caché au navigateur qui ne pénètre qu'au milieu des tempêtes et des orages sur les rivages infinis de l'éternité.

L'humanité entière a accepté l'arrêt : chez tous les peuples, la législation pénale a sa sanction ; chez tous les peuples, la Force vient au secours de la justice.

La mort, les tortures, les supplices de tous genres, l'exil, la prison, ne sont-ils pas l'application terrible, permanente de la loi divine? « Si tu manges du fruit de la science du bien et du mal, tu mourras. » Où l'homme aurait-il puisé l'idée de la justice, s'il ne l'avait reçue d'en haut? où l'homme aurait-il trouvé l'idée du châtiment, de la peine, comme sanction des lois, si sa conscience ne lui traçait la sanction morale comme condition nécessaire de la justice, même ici-bas?

« Mais, dit-on, les supplices, les tortures, tous les peuples civilisés les ont presque abandonnés ; la peine de mort, elle-même, compte de redoutables adversaires. Les mœurs n'ont-elles pas adouci la rigueur des lois humaines? le moment de la justice n'est-il pas arrivé? L'arbitraire disparaîtra avec le temps ; où sera le règne de la Force quand la liberté aura établi son empire dans le monde ?

Soit : les mœurs adouciront les lois ; la peine sera moins forte ; les crimes aussi moins barbares, moins nombreux ; l'humanité marche dans la voie de la perfection ; la loi chrétienne fera le tour du monde ; les hommes vivront ensemble comme des frères ; la foi éclairera les voies qui conduisent au bonheur et l'homme et les sociétés ! La charité, appuyée sur l'espérance, fera de l'univers le paradis terrestre où nos pères n'avaient qu'un berceau ; la cité éternelle ouvrira ses portes aux justes dans cette vallée de larmes ; je le veux, je le désire. En attendant la réalisation de ces ravissantes espérances, où il sera donné à l'homme de jouir d'un bonheur parfait, comment faire en présence des passions vivantes qui travaillent l'humanité ?

La liberté trouvera sa forme, dites-vous. — Quand ? L'avarice a-t-elle disparu du cœur de l'homme ? la cupidité, l'envie, la jalousie, qui enfantent le crime ; la vengeance, cette soif inextinguible des âmes perverses et ulcérées, sont-elles anéanties dans l'humanité ? L'amour, la haine, ces deux sources intarissables des actions humaines, n'existent-elles plus dans le cœur de l'homme ? y a-t-il un moyen de les faire disparaître ? Et si l'homme n'était pas capable d'amour, que serait le dévouement, que serait la charité, que serait l'héroïsme, que seraient toutes les vertus qui s'inspirent de ce sentiment sublime, qui produit les actions les plus nobles et les plus généreuses?

« Vous ne voulez pas de la force? vous ne voulez que la liberté et la justice? » Eh bien! faites disparaître la Force, et dites-moi ce qu'est la liberté entre les mains de l'enfant et du vieillard, sous les coups d'un brigand qui n'écoute ni la pitié, ni la générosité, qui cherche le bonheur dans le sang et dans les ruines, comme ces êtres immondes qui cherchent leur pâture dans les régions infimes de la nature! Car le brigand, l'assassin qui commet le crime, à qui vous demandez pourquoi il a tué son semblable, vous répondra qu'il a calculé le bénéfice de son action et qu'il comptait trouver le bonheur dans la possession de ce qui lui manquait. La vengeance, elle-même, qui précipite sa victime dans un fleuve ou qui la poignarde sans autre espérance que de lui ôter la vie, espère encore trouver le bonheur dans la satisfaction de cette sorte de justice horrible qui la délivre de son ennemi ou d'un rival. Tout a sa raison d'être dans ce monde, même le crime, qui est la suite inexplicable, mystérieuse, de cette déchéance morale que l'humanité traîne à ses pieds, sans pouvoir briser cette chaîne qui nous rattache malgré nous à un père rebelle !

La liberté et la justice ? Logiciens inconséquents ! Cette liberté, l'homme ne l'a-t-il pas reçue des mains de Dieu? L'homme n'est-il pas sa créature? A ce titre il dépend de lui, à ce titre il lui doit obéissance !

Que demandait la justice au premier homme? De reconnaître la loi même qui lui était imposée par son Créateur. C'est par la liberté qu'il a violé cette loi. C'est au nom de la justice que Dieu lui dit : « Tu mourras. » La révolte de l'homme est un crime, car il se révolte contre Dieu, sa souveraine et légitime autorité. Que devient la justice si le crime est impuni ? Si la justice exige un châtiment, l'homme l'exécutera-t-il de lui-même, s'il n'y est forcé ? Dieu lui défend « de toucher à l'arbre de la science du bien et du mal. » L'homme viole cet ordre; il est puni à l'instant même. Il ouvre les yeux, il s'aperçoit qu'il est nu ; il se cache [1]. N'est-ce pas le cri de la conscience, n'est-ce pas la loi morale avec les remords ? Discutez, philosophes, agitez-vous ; vous ne changerez pas les lois de l'humanité. La route est ouverte; il faut marcher. Vous voudriez reculer, c'est impossible. La vie de l'homme est dans une impasse : il faut

---

[1] Genèse, ch. 3, v 7, 8.

aller jusqu'au bout sans pouvoir faire un pas en arrière. Le temps qui nous emporte ne recule jamais. Géant infatigable, il pousse le monde avec un sceptre de fer. Ni les larmes ni les prières ne peuvent retarder d'une seconde ce passage redoutable de la vie présente à la vie d'un autre monde. Telle est la destinée de l'homme.

« La liberté absolue, dites-vous, et la justice régnera sur la terre ! » Il n'y a rien d'absolu dans ce monde, ni liberté ni autorité. Dieu seul est absolu.

Vous demandez une liberté absolue pour un être borné ! L'homme et l'absolu sont deux termes contradictoires ! N'est-ce pas vrai ?

Et la justice absolue, que serait-elle ? Quel homme pourrait se présenter sans trembler devant la justice absolue ? Quel homme depuis Adam jusqu'à nos jours pourrait dire à Dieu sans orgueil et sans folie : « J'accepte la justice absolue, car je suis sans tache ; ma vie n'est pas celle d'un saint, ma vie est celle de Dieu même, qui est lui seul la sainteté et la pureté absolue !

La liberté absolue ! Insensés que l'orgueil aveugle, plus dignes de pitié que de mépris, vous ne voyez pas que les lois morales ne s'analysent pas et ne se discutent pas comme les lois mathématiques. La force s'analyse au point de vue mécanique, et se compare à des unités de convention. Où est l'unité de convention dans l'ordre moral, social et politique? Où est le point d'appui? Où est le levier? Où est la résistance? Triple puissance sur laquelle roule la mécanique tout entière!

Combien faut-il de degrés de justice pour que la justice soit à son *maximum de densité!* Où est le thermomètre de la liberté? Avez-vous un point de départ et un point d'arrêt entre lesquels soient graduées méthodiquement les diverses quantités de justice et de liberté? Car la justice exige impérieusement une peine proportionnée à la faute. Punir un simple vol d'une pièce de dix centimes et un assassinat de la même peine, c'est déclarer que la faute est la même. Vous n'irez pas jusqu'à cette absurdité?

Avez-vous une loi morale, humainement parlant, qui fixe la justice selon les infaillibles degrés de la justice éternelle? Non, dites-vous. Eh bien! c'est donc à une puissance intermédiaire qu'il faut s'adresser pour obtenir réparation convenable. C'est donc à un être *plus fort* qu'il faut demander protection. Vous ne sortirez pas de là autrement. Mais l'être *plus fort* a besoin lui-même de l'idée de justice, car nul ne peut donner ce qu'il n'a pas. Or la justice est une idée simple, c'est une notion indivisible, comme la volonté et l'intelligence

Donc, pour rendre la justice, il faut la comprendre et la vouloir. L'intelligence est précisément cette supériorité morale qui donne l'ascendant et l'Autorité, de même que la volonté exécute les décisions de l'intelligence : d'où il est permis de conclure que si la Force est une condition indispensable du Pouvoir, l'Unité est de l'essence de l'Autorité.

XIV

Point d'Unité, point d'Autorité. Quand tout le monde commande, personne n'obéit. Le bon sens populaire en sait autant sur ce point que les plus grands philosophes. Seulement, comme le bon sens ne vise ni à l'esprit ni aux systèmes des vaniteuses médiocrités, il va droit à la vérité pratique, qui est tout en ce monde, quoi que puissent dire et faire les utopistes de métier.

Prenez les diverses positions sociales où se déroule l'humanité : demandez à un homme du peuple, qui doit commander dans l'État ? C'est le chef, vous dira-t-il. Par le chef, il entend celui qui est revêtu de la souveraineté, quel que soit son titre. Le bon sens du peuple est l'ennemi juré de la métaphysique. Il ne comprend ni les distinctions ni les divisions innombrables de cette grosse machine, qui sont plus compliquées que les agrès d'un vaisseau, machine que nos grands hommes d'État ont appelée la machine constitutionnelle. Certes, bien des mécaniciens ont pris le gouvernail depuis soixante ans; la chaudière et la machine ont toujours éclaté entre leurs mains. Ce qui prouve au moins ou que les mécaniciens n'étaient pas habiles, ou que la mécanique n'était pas solide. Peut-être tous les deux à la fois!

Demandez au plus modeste ouvrier d'une usine, d'une fabrique, d'un atelier, qui doit commander? — Le maître, vous répondra-t-il. Voilà encore le bon sens.

Tâchez de persuader au plus simple soldat que le commandement d'un corps d'armée appartient à une assemblée de colonels ou de capitaines; que, pour le mieux, on le confère à trois ou quatre généraux, il vous dira avec son gros bon sens: qu'il faut un général en chef; que celui qui commande l'aile droite ne sait pas ce qui se passe à l'aile gauche, et qu'un général qui commande l'artillerie ne peut pas être simultanément dans deux endroits à la fois pour juger les mouvements de la cavalerie et les effets du canon.

L'unité du commandement se trouve dans la famille même, dans les assemblées délibérantes, telles que le sénat romain et les autres grands corps aristocratiques ou démocratiques, comme aux États-Unis, s'il est permis de citer un peuple qui naît à la vie politique et qui ne compte pas encore un siècle d'existence. C'était, à Rome, un consul qui exécutait les décisions souveraines du sénat, comme à Washington c'est le président de la République qui commande. Je ne voudrais pas trop blesser les fervents sectateurs des *assemblées souveraines*. Si on veut dire par là que toutes les autres assemblées leur sont inférieures, cela peut être vrai, et même sans grande importance; si on veut dire que l'assemblée en corps *commande*, c'est tout simplement une absurdité. Le commandement ne se divise pas; les attributions peuvent être, comme à Rome, *intérieures* et *extérieures*. mais l'UNITÉ du commandement existait bien; chaque consul prenait ses décisions sous sa responsabilité personnelle, mais il commandait *seul*.

Cherchez dans les centaines d'administrations publiques qui couvrent la France et l'Europe; sortez des administrations publiques, voyez ce qui se passe dans les associations, dans les administrations particulières, vous retrouvez le même caractère indélébile, l'*unité*. Partout *un chef*, même dans les corps *judiciaires*, où il y a toujours un président. Ce signe distinctif se révèle chez tous les peuples, à toutes les époques de l'histoire. J'en tire

la conséquence que, même dans le commandement, l'Unité n'est pas plus d'invention humaine
que l'unité mathématique n'est sortie du cerveau
de l'Académie des sciences, qui a fait les plus magnifiques découvertes dans le monde physique et
astronomique avec cette notion toute divine, et
sans laquelle il eût été impossible d'établir la plus
simple comparaison ; car, sans comparaisons, la
science des mathématiques n'a plus de raison
d'être.

Dieu a imprimé à ses œuvres un caractère ineffaçable ; il est tout à la fois le principe et l'exemple
de l'Unité. « C'est à son image, c'est à sa ressemblance qu'il a fait l'homme[1]. » L'Unité est en
Dieu, l'Unité est dans l'homme, l'Unité est dans la
famille, l'Unité est dans la société, l'Unité est dans
l'intelligence, l'Unité est dans la volonté, l'Unité
est en tout et partout. Penseurs sublimes qui rêvez
un autre monde, enlevez l'Unité, il ne reste plus
rien, pas même la notion de cette unité qui nous
vient de Dieu.

[1] Genèse, ch. 1, v. 26.

XV

.

Le meilleur citoyen est celui qui
préfère à la palme olympique, à
toutes les couronnes pacifiques et
militaires, la gloire d'obéir aux
lois de son pays, et de s'en montrer pendant toute sa carrière le
plus fidèle observateur.

PLATON. *Des Devoirs.*

La nature du sujet que je traite me force à renoncer à la discussion des systèmes divers qui se
sont produits de nos jours en matière de gouvernement. Retracer ces systèmes, ce serait faire
l'histoire de la Révolution de Février. J'ai dû, pour
circonscrire ce travail dans d'étroites limites, laisser aux historiens de profession la mission de ra-
conter et le drame et les incidents nombreux de
ces fatales journées qui préparaient à la France et
à l'Europe un nouveau 93. Je n'entends nullement confondre les hommes sincères et honnêtes
qui ont apporté d'impuissantes convictions, avec
ces rêveurs sanguinaires dont les théories coupables et les projets criminels se sont si manifestement révélés dans les journées de juin 1848.

Je connais des républicains dont le caractère et la personne méritent estime et sympathie ; ceux-là, je les respecte.

Ce n'est plus seulement la lutte entre l'Autorité et la Liberté, c'est la lutte entre la République et la Monarchie. Le problème est posé depuis soixante ans, il n'est pas résolu. Le gouvernement républicain tire sa force, non de la sagesse de ses principes et des sympathies qu'il trouve dans les masses ; non, sa force n'est pas là. S'il continue à vivre en France, il le devra aux divers partis monarchiques qui aspirent à prendre les rênes de l'État[1]. Le gouvernement tient à deux choses : à la force du caractère de celui qui l'exerce, à la sympathie ou à la faiblesse de ceux qui l'acceptent ou qui le subissent.

Dans un pays comme la France, où la plupart des hommes (ce qui est commun aux masses de tous les pays) se paient de mots, se battent, se tuent pour une *charte*, une *constitution*, un mot cabalistique tel que *réforme, libéralisme,* que faut-il pour réussir? En imposer aux sots, utiliser le dévouement de quelques compères habiles et peu délicats, ce qui ne manque jamais[2] ; puis un peu

[1] Ceci était écrit en août 1851.

[2] Tout le monde se rappelle ce qui s'est passé en février 1848, et les aveux des révolutionnaires.

d'audace, et le succès est certain. Quand on considère quels hommes font les révolutions ; quand on approche d'un peu près les hommes qui gouvernent le monde, on est frappé de la grandeur providentielle. On sent la main de Dieu sur ces êtres débiles et corrompus dont il se sert pour mieux faire éclater sa puissance ; leur chute ne surprend que les esprits inattentifs aux leçons qui viennent d'en haut. Richesses, honneurs, armées, toutes les forces humaines environnent vainement la grandeur et l'éclat du trône : si Dieu ne veille sur cette orgueilleuse pauvreté coiffée d'une couronne, un mouvement populaire, un souffle d'en bas renverse toute cette majesté factice et la précipite humiliée dans les douleurs de l'exil. « Le monde s'agite, et Dieu le mène, » a dit un grand homme [1]. Dieu se sert des hommes pour gouverner le monde. Afin de mieux leur faire sentir sa puissance et la vanité de leurs efforts, il suffit qu'il abandonne le torrent à sa propre fureur, il engloutit subitement le vaisseau de l'État, que semblaient diriger avec orgueil et sûrs d'eux-mêmes ces potentats d'un jour qui ne sont pas même les maîtres de leurs passions.

« Obéir à Dieu, voilà notre liberté [2]. » Cette

---

[1] Bossuet. *Histoire des variations.*
[2] Sénèque le philosophe. *Parere deo libertas est.*

obéissance à la loi de Dieu fait la force des individus et des sociétés; c'est là que, suivant l'expression d'un philosophe ancien, se trouve la véritable liberté. A quoi tendent ces vains efforts
d'une puérile témérité, d'une agitation insensée?
comme s'il y avait à rougir de reconnaître la loi
morale! comme si l'homme était venu au monde
pour accomplir ici-bas sa destinée! Vous cherchez
le bonheur, car c'est bien le but de vos luttes, de
vos crimes même, et vous pensez le trouver dans
le renversement des lois morales et la satisfaction
momentanée d'une passion ardente que vous
n'osez avouer tout haut!

Vous êtes ambitieux, dites-vous; et pourquoi
cette ambition? Pour obtenir des richesses. Après?
que ferez-vous de ces richesses, de ces trésors,
vous qui en possédez déjà de considérables? Oh!
vous voulez régner, vous voulez satisfaire l'orgueil
d'un nom et la vanité d'un amour-propre implacable.

C'est pour cette misérable passion que vous ne
reculez ni devant le meurtre de vos frères, ni devant la ruine de vos compatriotes; car, pour
triompher, il faut écraser les uns et ruiner les
autres. Qu'importe, n'est-ce pas? vous serez ministres, ambassadeurs, grands dignitaires, vous
serez arrivés au faîte des grandeurs humaines!

Ah ! je vous comprends, le peuple gémit dans l'esclavage, il souffre la faim et les oppressions sous le gouvernement despotique d'un prince absolu; les charges, les impôts l'écrasent; vous risquez généreusement votre vie par un sentiment de vive sympathie. Est-ce bien vrai ? est-ce pour le peuple que vous agissez? n'est-ce pas au contraire du peuple que vous vous servez pour couvrir sous le manteau d'un noble dévouement les hypocrisies d'un égoïsme insatiable? Quelle gloire, quel honneur, quel bien, quel bonheur le peuple, le vrai peuple, gagne-t-il, peut-il gagner à une révolution, c'est-à-dire, pour appeler les choses par leur nom, à une révolte contre l'autorité?

Le peuple obtient-il des ministères?

Non.

La révolution lui est inutile.

Le peuple obtient-il des ambassades?

Non.

Alors la révolution ne lui sert de rien.

Le peuple obtient-il des places lucratives ou même honorifiques?

Non.

La révolution est pour lui une duperie.

Le peuple paie-t-il moins d'impôts?

Non.

Au contraire, il en paie davantage.

Le peuple a-t-il plus d'ouvrage dans les campagnes ou dans les ateliers?

Non.

Au contraire, les ateliers se ferment, les travaux ne reprennent que plus tard, ils languissent même pendant de longues années.

Que gagne donc le peuple des travailleurs, des honnêtes gens, aux révolutions?

Il ne gagne rien, d'une part;

Il perd beaucoup, de l'autre.

Voilà son bilan.

« Le peuple gagne aux révolutions mieux que la gloire, que les honneurs et la fortune ; il gagne, dites-vous, la liberté ! » — La liberté ! Quelle liberté? Le droit de porter un bulletin dans une urne tous les six mois ou tous les ans! Demandez à un paysan, à un ouvrier occupé, d'abandonner, l'un sa moisson, l'autre une *commande* pressée pour aller voter !

« Il est libre d'écrire! » —Le peuple n'écrit pas, c'est à peine s'il lit.

« La liberté religieuse ! » —Vous avez renversé ses temples, massacré ses prêtres, jeté en exil ses plus généreux défenseurs ; vous l'avez chargé d'impôts, et, sous le mas que de l'égalité, vous lui avez donné le privilége exclusif de porter les armes sous les drapeaux pendant sept ans, en permettant aux riches de servir la patrie pour quelques pièces de monnaie!

Vous avez rêvé d'asservir son intelligence, de dégrader son âme, en créant ces *Ateliers* où la débauche, la paresse et tous les vices devaient trouver asile et protection sous le patronage d'une *loi des pauvres* que vous appelez le *droit au travail*. C'est là votre progrès. L'Angleterre vous sert de modèle. Vous divisez le monde en deux parts : les paresseux et les gens actifs. Vous dites aux derniers : Un peu de courage : il nous faut tant de millions pour nourrir ces glorieux déshérités, ces rois mendiants que la Providence a créés pour le perfectionnement de l'humanité. » La langue n'est plus assez riche pour exprimer votre dévouement. La Charité, cette vertu surhumaine qui verse mystérieusement dans le sein de ceux qui souffrent et qui pleurent en silence, le superflu de son strict nécessaire, vous l'avez reléguée dans les vieilleries du passé au milieu du garde-meuble des vertus de nos pères. Vous l'avez remplacée par l'ASSISTANCE PUBLIQUE, espèce de gendarmerie morale, chargée de vérifier les consciences, les bourses des riches et le bordereau du pauvre, qui dira désormais sur son placet : « Il me faut tant pour mon budget d'hiver. Ma liste civile demande cette année un supplément, car ma famille augmente. »

Le moment approche où la France aura deux budgets : celui de l'Etat, pour l'administration de la justice, qui s'élève à un peu moins de quinze cents millions, et celui des pensionnaires de l'*Assistance Publique* dont le chiffre est encore indéterminé.

Vous appelez cela le progrès ! vous appelez cela la grandeur morale d'un peuple ! C'est l'abrutissement systématique des masses ; c'est la domination de l'orgueil, et de l'orgueil stupide, sur des troupeaux d'hommes qu'on mène aveuglément aux gémonies de la servitude en les faisant passer sur les cadavres de leurs victimes et les ruines des sociétés humaines.

La sagesse éternelle nous apprend que « Dieu a fait tout bon en son temps, et qu'il a livré le monde à la dispute des hommes, afin que l'homme ne découvre pas ce qu'il a fait depuis le commencement jusqu'à la fin [1].» Leçon touchante et profonde pour l'orgueil humain, toujours prêt à s'agiter et à revendiquer pour lui-même les merveilles du monde moral ! L'homme travaille dans les ténèbres ; victime de ses passions, instrument souvent inintelligent des secrets de la Providence, il s'attribue dans le gouvernement du monde une puissance éphémère qui disparaît au premier souffle de Dieu. L'amour effréné des richesses, la soif insatiable

[1] Ecclesiaste, ch. 3, v. 11.

d'une grandeur périssable, le rêve d'un bonheur chimérique, tout l'agite, tout le tourmente, comme s'il devait vivre l'éternité sur cette terre d'épreuve. Aveuglé par sa propre erreur et les séductions d'une illusion permanente, il franchit tous les obstacles pour atteindre à cet idéal. Quand sa carrière est finie, il voit, mais trop tard, que la vie n'est qu'une longue agitation dont le terme est le tombeau, et la mort une affreuse réalité qui lui ouvre la porte d'une éternité redoutable.

XVI

Mea mihi conscientia pluris est
quam omnium sermo.

CICÉRON. *Ad Attic.* XII, 28.

L'erreur des écoles modernes en matière de
gouvernement provient de l'ignorance ou de l'orgueil, ces deux puissantes négations de toutes les
vérités morales. Confondant l'Autorité avec la
forme de l'Autorité, des utopistes ont dit au principe : « Tu n'existes pas , parce que tu ne satisfais
pas à toutes les exigences sociales. » C'est bien là
depuis soixante ans, pour prendre une date pré-
cise, le langage que les révolutionnaires ont tenu
à toute espèce d'autorité. Les républiques de l'antiquité mal comprises, les sophismes de Rousseau
et de Montesquieu ont fait le reste. L'école du dix-
huitième siècle a déblayé le monument que nos
pères avaient élevé. Pour le remplacer, des ambitieux se sont jetés sur la place publique, et ils ont
dit au peuple : « Fais ce que tu voudras, tu es

maître absolu et souverain. » Ce n'était pas résoudre la question. C'était changer de maître, c'était substituer la tyrannie du nombre à la tyrannie de l'unité. Tyran pour tyran, l'unité est toujours moins dangereuse et moins oppressive que le despotisme du nombre. Qu'y a-t-il au monde de plus cruel que ces arrêts mystérieux d'un souverain à qui le condamné ne peut jamais s'adresser que pour en recevoir cette réponse froide et dure : « C'est l'Assemblée, c'est le Tribunal qui vous condamne ou qui vous exile ; ce n'est pas moi. » Justice ténébreuse, effrayante comme le silence et l'ombre des enfers! Justice occulte, inexorable comme les souterrains du moyen âge, où la victime expiait, dans les cachots, la vengeance implacable des bourreaux du CONSEIL DES DIX ! C'était la justice du Sénat romain, c'était la justice du Sénat de Venise. Il ne reste de ces deux républiques florissantes que la Chaire tutélaire du successeur des apôtres à Rome, et le souvenir à Venise d'une prospérité qui ne fut ni sans éclat ni sans grandeur. Laissons ces deux grandes et nobles cités endormies dans la gloire, et demandons pour notre siècle une autre liberté que celle de Sylla et des Doges.

La Liberté et l'Autorité, dans l'ordre social et politique, sont aussi évidentes que la Liberté et la

16.

Prescience divine dans l'ordre moral. Les objections spécieuses contre la liberté morale font-elles mieux comprendre la Prescience divine? La Prescience divine détruit-elle la liberté? Non. La conscience répond, et cela suffit. L'accord de la Liberté et de l'Autorité est difficile. Est-il impossible? S'il est impossible, l'Autorité est un vain mot, ou la Liberté n'est qu'un rêve. C'est un problème que la philosophie ne résoudra pas. On ne démontre ni la Liberté ni l'Autorité. Les théoriciens de l'école s'appuient sur des sophismes, quand le bon sens, la conscience et l'histoire du genre humain reconnaissent la coexistence de ces deux termes, inséparables de l'homme et de la société.

Étrange maladie, que cette opiniâtreté à rejeter l'évidence que les hommes du peuple admettent sans conteste et sans discussion, quand ils sont abandonnés à leur propre lumière!

Les abus de l'Autorité, les passions qui se mêlent inévitablement au mouvement des institutions humaines, l'orgueil qui nous empêche de reconnaître nos erreurs et de proclamer la vérité, n'est-ce pas là la cause souveraine des luttes sanglantes dont nos pères ont été les victimes? la Liberté n'a-t-elle pas été aussi souvent la licence? Comparez de part et d'autre; prenez le plus grand despote de

France, le plus cruel, le plus insensé : qu'a-t-il fait, au nom de l'autorité, qui approche des saturnales de la Convention ?

C'est bien au nom de la liberté que l'échafaud fonctionnait en 1793 ; singulière liberté, qui ne vous permettait même pas la défense!

Singulière anomalie de l'esprit humain, qui glorifie dans le nombre ce qu'il condamne dans la monarchie, qui loue et honore publiquement les forfaits de bourreaux anonymes, et qui crie avec fureur contre la justice régulière d'un prince parce qu'il est prince!

Non, la liberté n'est pas dans une forme de gouvernement, c'est au moins une erreur si ce n'est un mensonge. La liberté est dans les mœurs, dans les habitudes, dans la dignité morale d'un peuple et d'un gouvernement. La liberté ne s'écrit pas, elle se pratique. Dieu l'a donnée à l'homme pour arriver au bonheur, il l'a donnée aux sociétés pour se développer. Une Constitution qui déclare qu'un peuple est libre, fait une déclaration stupide ou inutile. Il n'appartient pas à un gouvernement de poser un principe qui n'est que la traduction de la loi naturelle ; il appartient à un gouvernement d'empêcher que cette loi ne soit violée; il doit veiller sur la vie, la personne et la propriété des individus ; c'est la justice. Le gouvernement doit la justice, c'est là son but, l'objet de son existence. Quand un homme obtient justice, qu'a-t-il de plus à demander?

Si la liberté est indépendante de la forme d'un gouvernement, le despotisme s'est rencontré et peut se rencontrer sous toutes les formes. Les républiques de l'antiquité n'ont pas pratiqué la liberté, parce qu'elles ne la connaissaient pas : voyez Athènes, Lacédémone, Carthage et Rome, Gênes et Venise, vous y trouvez la tyrannie systématiquement organisée. Des époques brillantes, des victoires, une domination superbe, mais implacable sur les vaincus, ne sauraient justifier l'abrutissement des masses au nom de la liberté. La gloire n'a pas manqué non plus sous l'empereur Napoléon; les révolutions ne couraient pas les rues; la volonté du maître enchaînait toutes les intelligences. L'homme de génie, qu'il s'appelât Chateaubriand ou Mme de Staël, devait s'incliner et courber le front devant le regard du souverain. C'est que la liberté, comme l'autorité, a sa condition d'être; elle ne se développe pas subitement. Pourquoi en serait-il ainsi? L'homme se développe, au point de vue physiologique et psychologique, progressivement; les plantes, tous les règnes de la nature, la lumière du jour, n'arrivent à leur plus grand développement que progressivement ; et vous voudriez une liberté soudaine, instantanée, à son plus haut degré, sans transition aucune? La liberté suit la marche de l'autorité : elles croissent, grandissent ou tombent ensemble.

L'histoire est là pour confirmer cette affirmation. Mais l'Autorité qui s'exerce despotiquement et arbitrairement n'est pas plus l'Autorité, dans le sens divin du mot, que les saturnales de la licence et de la démagogie ne sont la liberté.

C'est sur Dieu que doit se régler l'Autorité pour conserver le caractère de son auguste origine.

Qui oserait écrire, fût-ce même Rousseau, Montesquieu et Voltaire, que Dieu est un despote et un tyran?

C'est sur le devoir que doit se régler la Liberté pour arriver à un développement régulier et naturel.

Mais l'Autorité de Dieu repose sur la justice, et la justice absolue.

Celle des hommes repose aussi sur la justice ; de là le devoir pour tous ceux qui l'exercent. C'est en ce sens qu'ils sont responsables devant Dieu, et qu'à lui seul ils doivent compte de leur mandat.

On a confondu l'indépendance avec la liberté. Les peuples ont cru au mensonge et à l'erreur ; ils se sont rués sur les institutions et les hommes avec la violence d'un torrent. La foi est innée avec l'homme. Vainement des sophistes essaient de l'arracher du cœur humain, ils la changent de place. Ils donnent à son aliment le mensonge à la place de la vérité. L'homme du peuple qui refuse de croire aux vérités morales qui ont fait la gloire et la grandeur de l'humanité, accepte sans discussion les rêves coupables ou dangereux d'un utopiste en délire ; c'est le malade qui rejette les conseils salutaires du médecin pour suivre au hasard l'empirisme d'un effronté charlatan. Quand le peuple souffre, la douleur, la misère, le désespoir, le font se jeter tête baissée dans le précipice où des insensés, des scélérats, le conduisent pour le sauver.

« Vous êtes les plus forts ! » crie-t-on aux malheureux assemblés sur la place publique, Oui, sans doute, mais la force n'est pas la justice, la passion n'est pas la raison. La multitude, à Athènes, à Rome, *saluait, acclamait chef* le plus digne ou le plus intrigant. Quand la république romaine eut pris plus d'extension, le gouvernement, essentiellement aristocratique, donna l'exemple d'une tyrannie odieuse. De nos jours, la liberté, ou du moins les partisans de la démagogie, ont essayé de rappeler dans nos formes gouvernementales l'agitation du petit peuple athénien, à peu près aussi

nombreux qu'une ville de troisième ordre, comme
Amiens ou Caen. Rome, plus importante, nous
représente assez la démagogie moderne se remuant
à Paris ou à Lyon. Eh bien! même dans ces cités,
qui sortait l'élu, le chef de ces populations? N'é-
tait-ce pas le général le plus distingué, l'orateur le
plus éloquent, le citoyen le plus actif, le plus
riche ou le plus vertueux? car *élire, choisir*, est-ce
crér, faire le Pouvoir, donner l'Autorité? Non,
c'est tout simplement saluer, reconnaître celui qui
a l'Autorité. En effet, que signifie un bulletin, un
vote portant *oui* déposé dans l'urne? N'est-ce pas
comme si l'électeur disait : Tel candidat a ma confiance, c'est à lui que *j'obéirai?* Pourquoi cet aveu,
si ce n'est que le candidat, pour consacrer l'expression reçue, a l'ascendant sur tel ou tel électeur?
Or, qu'est-ce qu'avoir l'ascendant sur un homme?
n'est-ce pas le dominer? Comment domine-t-on
les autres? n'est-ce pas par l'intelligence, la supériorité morale ou la fortune, autre genre de supériorité? Qui donne ces avantages, cette supério-
riorité, est-ce l'électeur? ne la subit-il pas, au
contraire? il ne fait donc que la reconnaître. Voilà
le fait dégagé de tout sophisme. On voit que toute
la difficulté des temps modernes, du moins pour
la France, se réduit à ces termes : Le Pouvoir serait-il héréditaire ou temporaire?

La France l'a voulu héréditaire pendant quatorze siècles ; presque tous les états d'Europe ont reconnu ce principe. Parmi les adversaires de l'hérédité, les uns ne veulent le Pouvoir que temporaire, pour quatre ans ; d'autres ne le veulent que pour un an ; des puritains plus sévères demandent l'abolition même de l'Autorité : preuve évidente que le Pouvoir est nécessaire pour mettre tout le monde d'accord. Le jour où l'Autorité sera rétablie en France, chacun reprendra sa place, la liberté règnera : liberté incomplète, peut-être, mais liberté salutaire si elle suffit aux esprits sérieux pour s'orienter après le naufrage.

XVII

Je touche au terme de mon travail; j'ai voulu montrer l'*origine* du Pouvoir, quelle que soit la forme du gouvernement. Les principes sont indépendants de la volonté humaine; ils sont la règle que Dieu même a tracée à tous les êtres. Il suffit d'étudier avec bonne foi et un peu de sens l'histoire du genre humain, pour reconnaître ce qui est de Dieu et ce qui est de l'homme.

Le *Contrat social*, de Rousseau, l'*Esprit des Lois*, de Montesquieu, ont fait de l'homme un être sauvage, de la famille et de la société des êtres fantastiques que le sens commun, la tradition et la conscience du genre humain n'admettent pas.

L'homme est né libre, mais avant tout il est né dans la société, sans laquelle il ne peut ni vivre ni se développer.

La famille est un fait aussi évident que la lumière du soleil.

La société est aussi un fait aussi manifeste que la famille.

J'ai essayé de démontrer les sophismes et l'erreur des deux plus célèbres publicistes du dernier siècle, Rousseau et Montesquieu. Je ne sais si je me fais illusion, je crois l'avoir fait péremptoirement.

L'école moderne, représentée par MM. Proudhon, Emile de Girardin et Pierre Leroux, n'a rien découvert qui ne se trouve dans les écrits dont je viens de parler.

En suivant les principes et les conséquences, **on** reconnaîtra aisément la filiation de la puissance sociale et de la puissance paternelle. La première procède de celle-ci ; elles ont la même origine, le même but, et, partant, les mêmes obligations.

La *convention* en matière d'Autorité est un non-sens : les preuves abondent, les rappeler serait recommencer cet essai.

On a vu à quels signes se reconnaît le Pouvoir, le Respect et l'Obéissance ; mais sa source véritable, indélébile, toute divine, c'est le génie ou l'intelligence, la naissance, la vertu ou la fortune.

Dans l'ordre politique, le Pouvoir tient essentiellement à l'intelligence.

Dans l'ordre moral, à la vertu.

La naissance ou la fortune suppose toujours une supériorité sociale que les peuples ne méconnaissent pas parce qu'elle est dans la nature des choses.

On sait ce que c'est que la supériorité du génie.

On doit se rappeler que la naissance n'est au fond que la grandeur du nom.

L'histoire est là, d'accord avec la raison, pour proclamer la légitimité de cet ascendant social ou moral qui constitue véritablement le Pouvoir.

L'*Élection* ou l'*Acclamation* n'est donc, en réalité, que la consécration d'un fait ou la reconnaissance de ce qui est.

De là l'erreur des utopistes qui ont confondu l'effet avec la cause.

C'est pour cette raison que nous avons déclaré le Pouvoir un FAIT et un PRINCIPE tout à la fois.

De manière que, *élire*, *acclamer*, c'est *consacrer*, c'est *proclamer* la supériorité universellement reconnue; ce n'est donc pas la *donner*. De là la proposition incontestable : « LE POUVOIR SE PREND ET NE SE DONNE PAS. »

On ne crée pas plus le Pouvoir qu'on ne crée un poëte,

Un orateur,

Un général,

Un peintre,

Un musicien,

Un écrivain éminent.

L'hérédité procède de l'Élection ou de l'Acclamation. C'est ce qui résulte des faits et des principes.

A moins de s'en rapporter au sort, ce qui est le comble de l'absurde, il faut accepter l'un ou l'autre de ces deux modes ; or, l'*Élection* et l'*Hérédité* ne sont que les *modes* et non la *source* du Pouvoir.

De là la *Légitimité* pour les uns, source exclusive du Pouvoir, et la *Souveraineté populaire* pour les autres, cause efficiente de l'Autorité.

Posée en ces termes, on l'a vu, la question n'est pas même discutable ; c'est l'absurde dans la réalité. La *Souveraineté nationale* rentre forcément dans la Souveraineté populaire.

On peut se rappeler que le nombre ne peut être la source du Pouvoir ; Dieu l'a placé plus haut.

En suivant ces principes rigoureux, on voit le but du Pouvoir : la Justice. Mais la Justice ne peut régner dans l'humanité que par la Liberté. La Liberté est donc un des moyens de développement de l'homme et des sociétés. Cette Liberté ne serait, elle-même, qu'une abstraction, qu'un idéal sans réalité devant les passions humaines. De là, la nécessité d'une protection réelle, efficace, pour elle comme pour la justice, c'est-à-dire la sanction des lois divines et humaines. La Force est donc un attribut nécessaire du Pouvoir.

En parcourant ce travail avec quelque attention, on verra clairement, nous le croyons du moins, que la Liberté et l'Autorité, loin d'être inconciliables, sont, au contraire, les deux pôles sur lesquels roulent l'homme et les sociétés.

Peut-être a-t-on remarqué quelques caractères que l'auteur s'est efforcé de rendre exacts. La *Populace* et le *Peuple*, la *Démagogie* et la *Démocratie*, si souvent confondus par les esprits superficiels, ont cependant des différences tranchées : les exemples sont plus sensibles que des définitions métaphysiques.

Enfin, de cette longue discussion sur le Pouvoir, les hommes sérieux, capables d'examiner, de peser un travail sans prévention, y trouveront cette doctrine qui nous paraît vraie et irréfutable : c'est que la *légitimité* du Pouvoir est indépendante de la forme, puisqu'elle repose sur la Justice. C'est là le but de tous les gouvernements. Or, la Justice elle-même n'est qu'un moyen pour arriver au bonheur. C'est bien le bonheur, en effet, que poursuivent ici-bas les individus et les sociétés ; bonheur incomplet sans doute, car le bonheur parfait, la véritable félicité, prix de la vertu, ne peut se trouver que dans le sein de Dieu, la source et la fin de l'humanité.

Les hommes de bonne foi, et c'est pour ceux-là seulement que nous avons écrit, trouveront dans les réflexions qui précèdent la preuve que la théorie de l'égalité n'existe nulle part, comme fait, dans les œuvres de Dieu. Cette égalité est un rêve, qu'on invoque Rousseau ou Montesquieu, peu importe le nom. Elle n'a jamais existé, ni dans les républiques anciennes, ni dans les républiques modernes. Au contraire, à partir du gaz impondérable jusqu'à Dieu, on retrouve partout le double caractère de l'Unité et de l'Inégalité dans les êtres créés. Loi mystérieuse, aussi impénétrable pour l'intelligence humaine que la déchéance morale ou la chute du premier homme, autre mystère qui effraie la raison sans impliquer contradiction.

Les révolutions qui agitent le monde sont comme les flots de l'océan : Dieu les arrête quand il lui plaît. Les princes et les peuples se heurtent les uns contre les autres, comme la tempête sur les rochers. Quand le temps est calme, le pilote peut conduire son vaisseau au port. C'est au sein de la paix que se trouve le bonheur. Pour rendre la Justice aux peuples, les chefs des Empires devraient avoir constamment sous les yeux cette maxime profondément chrétienne, rapportée par le prince des historiens romains : « La règle la plus sûre et la plus simple qui puisse vous diriger à l'avenir dans toutes vos actions, est de vous rappeler ce que vous avez craint sous un autre prince[1]. »

Auteuil, 2 août 1851.

[1] Tacito, liv. 1. *Hist.*, ch. 15 et 16. L'empereur Galba à Pison : « Utilissimus quidem ac brevissimus bonarum malarumque rerum delectus est, cogitare quid aut volueris sub alio principe, aut nolueris. »

FIN.

TABLE DES MATIÈRES.

-oʒꞅo-

X

L'INÉGALITÉ N'EST POINT UNE INJUSTICE.

XI

LE PEUPLE DEVANT LA RÉVOLUTION DE FÉVRIER.

XII

LE BONHEUR EST LE BUT DE L'HOMME ET DES SOCIÉTÉS.

XIII

L'OBÉISSANCE EST LA LOI FONDAMENTALE DES SOCIÉTÉS.

Imprimerie BAILLY, DIVRY et Cᵉ, place Sorbonne, 2.